Europäische Union (1. 1. 2008)

- EU-Mitgliedsstaaten
- EU-Beitrittskandidaten
- Mitglied der Währungsunion
- GUS-Staaten
- Schengen-Außengrenze
- Schengen-Außengrenze im Meer

Gründungsmitglieder 1952/58

- Frankreich
- Belgien
- Bundesrepublik Deutschland
- Luxemburg
- Niederlande
- Italien

Beitritt 1973

- Vereinigtes Königreich
- Irland
- Dänemark

Beitritt 1981/86

- Spanien
- Portugal
- Griechenland

Beitritt 1995

- Schweden
- Finnland
- Österreich

Beitritt 2004

- Estland
- Tschechische Republik
- Lettland
- Slowakei
- Litauen
- Slowenien
- Polen
- Malta
- Ungarn
- Zypern

Beitritt 2007

- Rumänier
- Bulgarien

Geschichte und Geschehen

Ludwig Bernlochner
Claus Gigl
Sepp Memminger
Michael Salbaum
Ulrike Salbaum
Hans Steidle
Klaus Sturm
Dorothee Wege

Ernst Klett Verlag
Stuttgart · Leipzig

Autoren: Ludwig Bernlochner
Claus Gigl
Sepp Memminger
Michael Salbaum
Ulrike Salbaum
Hans Steidle
Klaus Sturm
Dorothee Wege

Herausgeber: Ludwig Bernlochner

Layout, Einbandgestaltung und Auftaktdoppelseiten: Krause Büro, Leipzig; SCHRÖDER DESIGN Leipzig, Designerin Karen Engelmann; Adam Silye, Wien

Kartenbearbeitung: Kartografisches Büro Borleis & Weis, Leipzig; Adam Silye, Wien

Grafiken: Lutz-Erich Müller, Leipzig; Adam Silye, Wien

9 783124 115904

1. Auflage 1 5 4 3 2 1 | 2012 2011 2010 2009 2008
Alle Drucke dieser Auflage können im Unterricht nebeneinander benutzt werden, sie sind untereinander unverändert. Die letzte Zahl bezeichnet das Jahr des Druckes.

Internetadresse: http://www.klett.de

Redaktion: Gerhard Xaver, Wien
DTP: Satz-Profi Josef Pavlas, 1110 Wien
Druck: Firmengruppe APPL, aprinta druck, Wemding

ISBN: 978-3-12-411590-4

Liebe Schülerin, lieber Schüler,

nun haben Sie Ihr neues Geschichtsbuch aufgeschlagen. Jetzt beginnt für Sie eine Entdeckungsreise in die Vergangenheit, die Sie diesmal bis in unsere Gegenwart führt. Beim Durchblättern fallen Ihnen gleich die vielen Bilder, Karten, Tipps und Texte auf. Es sind ganz schön viele; sie sollen Ihnen helfen, Ihre Fragen zur Vergangenheit zu beantworten.

Wohin geht Ihre Entdeckungsreise mit *Geschichte und Geschehen* im kommenden Jahr genau? Sie können
- die weltpolitischen Auseinandersetzungen im Zeichen des Kalten Krieges in den 60er und 70er Jahren und die darauffolgenden Entspannungsbemühungen der USA und der UdSSR in den 80er Jahren kennenlernen,
- den Wandel in der Ost- und Deutschlandpolitik der Bundesrepublik, das Entstehen eines neuen Umweltbewusstseins und den Aufbruch der „68er-Bewegung" verfolgen,

- erfahren, wie der Kalte Krieg schließlich beigelegt wurde und die Menschen der kommunistisch regierten Staaten Europas in meist unblutigen Revolutionen den Weg zu Demokratie und Freiheit gefunden haben,
- nachvollziehen, wie im Rahmen dieses großen Umbruchs die beiden deutschen Staaten wieder vereinigt wurden,
- entdecken, wie die Welt nach dem Kalten Krieg aussieht und welchen Weg die Europäische Union geht,

- ergründen, welche Veränderungen Ihr Bundesland in den letzten Jahrzehnten geprägt haben und welche Möglichkeiten Ihnen für eine aktive Mitgestaltung der Zukunft offen stehen.

Ist das alles? Natürlich bietet das Buch noch mehr. Denn Sie interessiert sicher auch, wie das neue Miteinander in der Bundesrepublik der 16 Bundesländer gestaltet wird, welche neuen Probleme und Krisen in der Welt nach dem Kalten Krieg zu bewältigen sind und welche Chancen und Risiken uns die Globalisierung bringt.

Bei Ihrer Reise durch die Zeit wünschen wir Ihnen viel Spaß!

Die Autorinnen und Autoren

Inhaltsverzeichnis

Die Welt nach dem Kalten Krieg 58

Kulturgeschichtliche Spurensuche 88

METHODEN

Wie arbeite ich mit diesem Buch?

Dieses Buch umfasst vier Themenbereiche. Jeder beginnt mit einer **Auftaktdoppelseite** (ADS). Bilder, Karten, Texte und Grafiken wollen Ihr Interesse am Thema wecken. Die Auswahl der Materialien gibt Ihnen auch schon einen Hinweis, was in den nachfolgenden Kapiteln behandelt werden wird.

WELTPOLITISCHE VERÄNDERUNGEN UND WANDLUNGEN IN DEUTSCHLAND

Der seit dem Ende des Zweiten Weltkriegs andauernde Kalte Krieg zwischen den beiden Großmächten USA und Sowjetunion bestimmte auch in den 60er Jahren und in den folgenden Jahrzehnten die Weltpolitik. Das atomare Wettrüsten, die Kuba-Krise und der Vietnam-Krieg zeigten dies deutlich. Andererseits gab es aber auch immer wieder Entspannungsbemühungen, die allerdings erst Ende der 80er Jahre auf ein Ende des Ost-West-Konflikts hoffen ließen. Dazu trugen neben allgemeinen Entspannungstendenzen auch machtpolitische Veränderungen – vor allem durch den Aufstieg Chinas – bei, die sich auf die bisherige bipolare weltpolitische Konstellation auswirkten.

Die Entspannungsbemühungen der Großmächte eröffneten auch für Deutschland neue Perspektiven. Mit der 1969-1982 in der Bundesrepublik regierenden SPD/FDP-Koalition begann eine neue Ost- und Deutschlandpolitik, die durch einen „Wandel durch Annäherung" zu einer Entspannung mit den östlichen Nachbarstaaten der Bundesrepublik führte. Innenpolitisch sah sich die Bundesregierung seit den 68er Jahren durch Studentendemonstrationen und später durch Terroraktionen massiven Herausforderungen gegenüber. Die DDR hingegen, der andere Teil Deutschlands, stand in diesen Jahren vor ganz anderen Problemen der Lebens- und Alltagsbewältigung.

Chinas Wirtschaft
Morgenappell beim chinesischen Klimaanlagenhersteller Yuanda

„Kraft seiner starken Wurzeln wird er alle Mauern sprengen!"
(Karikatur von Wolfgang Hicks zum Grundlagenvertrag von 1972)

Studentendemonstration in München 1968
Mit Bildern von Karl Marx, Che Guevara, Fidel Castro und Ho Chi Minh zeigen die Demonstranten ihre politischen Standpunkte.

Alltag in der DDR – Ideologie zwischen Damenwäsche
Eine Schaufensterdekoration in der DDR

Der Vietnam-Krieg
Veteran des Vietnam-Krieges mit seinem Sohn am „Vietnam Veterans Memorial" in Washington

Entspannung im Ost-West-Konflikt
Verhandlungen zwischen dem amerikanischen Präsidenten Reagan und dem sowjetischen Staatschef Gorbatschow führten zu Abrüstung und weltpolitischer Entspannung.

1. Das Ende der zweigeteilten Welt und die Auflösung des Ostblocks

1976–1987	Neue Spannungen belasten das Verhältnis zwischen Ost und West.
seit 1985	Michail Gorbatschow verändert mit Glasnost und Perestroika die Sowjetunion.
1989/1990	Umbruch im Ostblock: In Polen, Ungarn, der Tschechoslowakei, Bulgarien, Jugoslawien, Albanien, Rumänien und in der DDR finden freie Wahlen statt.

M 1 Drei Männer veränderten die Welt
Links Michael Gorbatschow, Generalsekretär der KPdSU (1985–1991) und Staatspräsident der UdSSR (1988–1991), in der Mitte und rechts die Polen Papst Johannes Paul II. (1978–2005) und Lech Walesa, Gewerkschaftsführer und Staatspräsident Polens (1990–1995), hier mit demonstrierenden Arbeitern der Lenin-Werft in Danzig.

Neue Spannungen im Ost-West-Verhältnis

Trotz immer wieder versuchter Verhandlungen und einiger Verträge (s. S. 15 ff.) kam es zu einem neuen Wettrüsten zwischen der Sowjetunion und den USA: Gegen Ende der 1970er Jahre stellte die sowjetische Führung Raketen mit atomaren Sprengköpfen in Osteuropa auf. Ihre Reichweite war groß genug, um für die Länder Westeuropas eine Bedrohung darzustellen. Als Antwort darauf beschlossen die USA und die NATO schließlich die Aufstellung ähnlicher Raketen, vor allem in der Bundesrepublik und in Großbritannien. Zur neuen Verhärtung im Ost-West-Verhältnis trug auch das militärische Eingreifen der Sowjetunion in Afghanistan bei.
Im Jahr 1979 war es in Afghanistan zu einem Bürgerkrieg gekommen. Eine neue Regierung wollte das Land modernisieren und begann mit Reformen im Sinne des Sozialismus: Neuaufteilung des Grundbesitzes, medizinische Versorgung, Schulbildung auch für Mädchen, Gleichstellung der Frau. Dagegen erhoben sich Stammesfürsten, Großgrundbesitzer und islamische Geistliche (Mullahs). Die Mullahs riefen zum „Heiligen Krieg" gegen die „Ungläubigen" (die Regierung) auf. Die Regierung in der Hauptstadt Kabul bat die Sowjetunion um Hilfe. Rund 100 000 sowjetische Soldaten kamen ins Land. Die USA jedoch griffen auf der Seite der Aufständischen ein und unterstützten sie mit Geld, modernen Waffen und militärischen Beratern. 10 Jahre lang dauerte dieser Afghanistan-Krieg, ohne dass eine Seite ihn klar für sich entscheiden konnte. In der Sowjetunion beurteilte der neue Generalsekretär Michail Gorbatschow die sowjetische Beteiligung als zu teuer und zu verlustreich. Die sowjetischen Truppen wurden 1989 abgezogen. Die Regierung in Kabul konnte sich noch drei Jahre halten. Dann übernahmen die Aufständischen die Macht und bekämpften sich untereinander.

40

Glasnost und Perestroika in der Sowjetunion

In der Sowjetunion waren die Anzeichen einer tiefen Krise unübersehbar. Für das Militär wurde viel Geld ausgegeben, das dann für die Herstellung von Gegenständen des täglichen Gebrauchs fehlte. Im erneuten Wettrüsten mit den USA konnte die Sowjetunion nicht mehr Schritt halten, ihre Kräfte waren überfordert.
1985 wurde Michail Gorbatschow zum Generalsekretär der Kommunistischen Partei und drei Jahre später zum Staatspräsidenten der Sowjetunion ernannt. Er erkannte bald, dass eine Verbesserung nur durch eine Änderung im Denken und Handeln der Menschen möglich war. „Glasnost" (Offenheit) und „Perestroika" (Umbau) wurden zu den Schlagworten seiner Politik.
Im Zeichen von „Glasnost" wurde die Zensur abgeschafft. Bisher verbotene Bücher und Filme konnten nun gelesen und gesehen werden. Die Umsetzung von „Perestroika" in der Partei und in der Wirtschaft war schwieriger. In der KPdSU, die ja seit 1918 allein die Macht im Staat ausübte, fanden zum ersten Mal geheime Wahlen statt. 1989 fanden auch zum ersten Mal nach 1917 wieder freie Wahlen für das Parlament statt, dessen Rechte gestärkt wurden. Aber viele mächtige Funktionäre fürchteten um ihre Stellung. Sie bemühten sich deshalb, die Reformen zu verhindern. Andere fanden, dass es zu langsam ging. Sie traten aus der Partei aus und gründeten neue politische Gruppen. Und die wirtschaftliche Lage wurde nicht besser, obwohl man nun von der reinen sozialistischen Planwirtschaft abkam und Elemente der westlichen Marktwirtschaft übernahm. Die Leistungen in der Industrie und der Landwirtschaft sanken, die Versorgung der Bevölkerung wurde noch schlechter. Doch „Glasnost" und „Perestroika" waren nicht mehr rückgängig zu machen und führten auch außerhalb der Sowjetunion zu tief greifenden Folgen.

Das Ende des Ostblocks begann in Polen

Schon um 1980 kam es unter den Werftarbeitern Danzigs und dann im ganzen Land zu Streiks. Unmittelbarer Anlass war eine Erhöhung der Lebensmittelpreise, doch rasch kamen auch politische Forderungen hinzu: unabhängige Gewerkschaften, Erlaubnis von Streiks, freie Meinungsäußerung, Freilassung politischer Häftlinge. Im Jahr 1978 war der Kardinal von Krakau, Karol Wojtyla, in Rom zum Papst gewählt worden. 1983 besuchte er als Johannes Paul II. seine Heimat. Als er vor einer riesigen Menge ausrief: „Habt keine Angst!", wurde das als Aufforderung

M 2 Der Zauberlehrling
(Karikatur von Horst Haitzinger, 1988)
Der Zeichner will an ein Gedicht von Goethe erinnern, in dem ein Zauberlehrling in Abwesenheit des Meisters zu zaubern beginnt. Als der Meister heimkommt, ruft ihm der Lehrling zu: „Herr, die Not ist groß! / Die ich rief, die Geister / Werd' ich nun nicht los!"

41

Jeder Themenbereich ist in mehrere **Kapitel** untergliedert, jedes Kapitel ist auf mehreren Seiten dargestellt. Damit Ihnen klar ist, zu welchem Themenbereich die jeweilige Seite gehört, finden Sie am unteren Seitenrand das Symbol, das schon im Inhaltsverzeichnis den Weg dahin weist. Die Kapitel des Buches sind alle weitgehend gleich aufgebaut: Unter der Überschrift können Sie meist in einer Zeittafel die wichtigsten Jahreszahlen und die dazugehörigen Ereignisse ablesen. Sachinformationen finden Sie im **Verfassertext** (VT). Die **Zusammenfassungen** (Marginalien) in der Randspalte helfen Ihnen, sich schnell zu orientieren.

Wichtige Begriffe werden in einem **Kasten** ausführlich erklärt. Am Ende jedes Kapitels finden Sie **Materialien** (Texte, Bilder, Karten usw.), die das im VT Dargestellte veranschaulichen und vertiefen. Die Fragen und Anregungen helfen Ihnen bei der selbstständigen Erarbeitung der Kapitelinhalte oder deren Wiederholung. Tipps weisen über das Buch hinaus: Sie regen Sie z. B. an, ein Fachbuch zum Kapitelthema zu lesen, im Internet zu recherchieren oder eine eigene Arbeit zum Thema zu präsentieren.

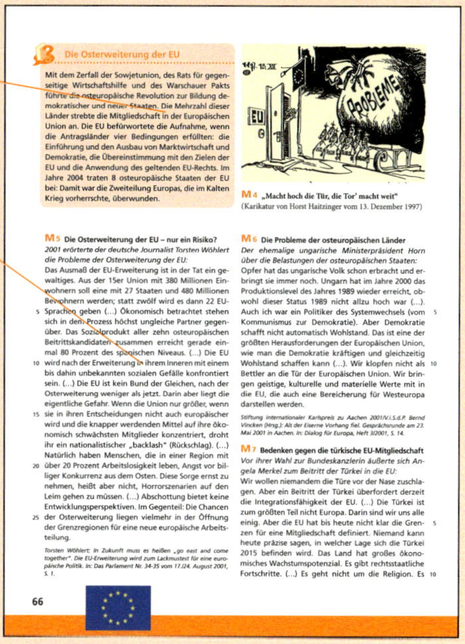

Die Osterweiterung der EU

Mit dem Zerfall der Sowjetunion, des Rats für gegenseitige Wirtschaftshilfe und des Warschauer Pakts führte die osteuropäische Revolution zur Bildung demokratischer und neuer Staaten. Die Mehrzahl dieser Länder strebte die Mitgliedschaft in der Europäischen Union an. Die EU befürwortete die Aufnahme, wenn die Antragsländer vier Bedingungen erfüllten: die Einführung und den Ausbau von Marktwirtschaft und Demokratie, die Übereinstimmung mit den Zielen der EU und die Anwendung des geltenden EU-Rechts. Im Jahre 2004 traten 8 osteuropäische Staaten der EU bei: Damit war die Zweiteilung Europas, die im Kalten Krieg vorherrschte, überwunden.

M4 „Macht hoch die Tür, die Tor' macht weit"
(Karikatur von Horst Haitzinger vom 13. Dezember 1997)

M5 Die Osterweiterung der EU – nur ein Risiko?
2001 erörterte der deutsche Journalist Torsten Wöhlert die Probleme der Osterweiterung der EU:
Das Ausmaß der EU-Erweiterung ist in der Tat ein gewaltiges. Aus der 15er Union mit 380 Millionen Einwohnern soll eine mit 27 Staaten und 480 Millionen Bewohnern werden; statt zwölf wird es dann 22 EU-Sprachen geben (...) Ökonomisch betrachtet stehen sich in dem Prozess höchst ungleiche Partner gegenüber. Das Sozialprodukt aller zehn osteuropäischen Beitrittskandidaten zusammen erreicht gerade einmal 80 Prozent des spanischen Niveaus. (...) Die EU wird nach der Erweiterung in ihrem Inneren mit einem bis dahin unbekannten sozialen Gefälle konfrontiert sein. (...) Die EU ist kein Bund der Gleichen, nach der Osterweiterung weniger als jetzt. Darin aber liegt die eigentliche Gefahr. Wenn die Union nur größer, wenn sie in ihren Entscheidungen nicht auch europäischer wird und die knapper werdenden Mittel auf ihre ökonomisch schwächsten Mitglieder konzentriert, droht ihr ein nationalistischer „backlash" (Rückschlag). (...) Natürlich haben Menschen, die in einer Region mit über 20 Prozent Arbeitslosigkeit leben, Angst vor billiger Konkurrenz aus dem Osten. Diese Sorge ernst zu nehmen, heißt aber nicht, Horrorszenarien auf den Leim gehen zu müssen. (...) Abschottung bietet keine Entwicklungsperspektiven. Im Gegenteil: Die Chancen der Osterweiterung liegen vielmehr in der Öffnung der Grenzregionen für eine neue europäische Arbeitsteilung.

Torsten Wöhlert: In Zukunft muss es heißen „go east and come together". Die EU-Erweiterung wird zum Lackmustest für eine europäische Politik. In: Das Parlament Nr. 34-35 vom 17./24. August 2001, S. 1.

M6 Die Probleme der osteuropäischen Länder
Der ehemalige ungarische Ministerpräsident Horn über die Belastungen der osteuropäischen Staaten:
Opfer hat das ungarische Volk schon erbracht und erbringt sie immer noch. Ungarn hat im Jahre 2000 das Produktionslevel des Jahres 1989 wieder erreicht, obwohl dieser Status 1989 nicht allzu hoch war (...). Auch ich war ein Politiker des Systemwechsels (vom Kommunismus zur Demokratie). Aber Demokratie schafft nicht automatisch Wohlstand. Das ist eine der größten Herausforderungen der Europäischen Union, wie man die Demokratie kräftigen und gleichzeitig Wohlstand schaffen kann (...). Wir klopfen nicht als Bettler an die Tür der Europäischen Union. Wir bringen geistige, kulturelle und materielle Werte mit in die EU, die auch eine Bereicherung für Westeuropa darstellen werden.

Stiftung internationaler Karlspreis zu Aachen 2001/V.i.S.d.P. Bernd Vincken (Hrsg.): Als der Eiserne Vorhang fiel. Gesprächsrunde am 23. Mai 2001 in Aachen. In: Dialog für Europa, Heft 3/2001, S. 14.

M7 Bedenken gegen die türkische EU-Mitgliedschaft
Vor ihrer Wahl zur Bundeskanzlerin äußerte sich Angela Merkel zum Beitritt der Türkei in die EU:
Wir wollen niemandem die Türe vor der Nase zuschlagen. Aber ein Beitritt der Türkei überfordert derzeit die Integrationsfähigkeit der EU. (...) Die Türkei ist zum größten Teil nicht Europa. Darin sind wir uns alle einig. Aber die EU hat bis heute nicht klar die Grenzen für eine Mitgliedschaft definiert. Niemand kann heute präzise sagen, in welcher Lage sich die Türkei 2015 befinden wird. Das Land hat großes ökonomisches Wachstumspotenzial. Es gibt rechtsstaatliche Fortschritte. (...) Es geht nicht um die Religion. Es

66

Kleine Symbole sollen Ihnen helfen, sich in dem Buch leichter zurechtzufinden:

Besondere historische Grundbegriffe sind in einem Kasten erklärt. Sie finden sie auch, indem Sie am Ende des Buches im Verzeichnis der Personen, Sachen und Begriffe nachschlagen. Dort sind sie durch fette Buchstaben besonders hervorgehoben.

Die Lupe deutet Ideen und Anleitungen für kleine Projekte an.

http://www... Sie werden in diesem Buch immer wieder auf Internet-Adressen stoßen – z. B. bei den „Fragen und Anregungen" oder bei manchen Quellen im Materialienteil der Kapitel – und zu eigenen Internet-Recherchen aufgefordert werden. Die Suche im Internet ist Ihnen bestimmt schon vertraut. Sie ist ein wertvolles Instrument bei der Arbeit, wenn einige Regeln beachtet werden: Recherchiert man zu einem bestimmten Thema, muss man versuchen, möglichst genau herauszufinden, welche Seiten „seriös", also vertrauenswürdig sind. Zunächst sollte man feststellen, von wem die Informationen verfasst wurden. Weitgehend zuverlässige Quellen sind beispielsweise offizielle Homepages von seriösen Fernsehsendern, Zeitungen und Zeitschriften, von staatlichen Stellen oder bekannten Organisationen (Außenministerium, UN...), ferner Internet-Seiten von Hochschulen oder anderen staatlichen Forschungseinrichtungen. Auch Internet-Lexika, deren Einträge von sehr vielen Nutzern aufgerufen und dadurch „kontrolliert" werden, kann man durchaus benutzen.

Seiten privater Nutzer sind demgegenüber eher mit Vorsicht zu gebrauchen. Hier sollten Sie versuchen, festzustellen, wem die entsprechende Seite gehört und welches Ziel der Nutzer damit verfolgt. Die so angebotenen Inhalte repräsentieren meist die persönliche Meinung und den Kenntnisstand ihres „Besitzers". Viele, vor allem auch radikale Gruppen (extremistische Organisationen ...), nutzen das Internet, um ihre Ansichten zu verbreiten und untereinander in Kontakt zu treten. Bei Internet-Recherchen zu bestimmten historischen und politischen Themen werden Sie auf etliche solche Seiten stoßen. Diese Informationen sind zumindest einseitig, oft jedoch grundsätzliche falsch und nicht verwendbar. Angaben von Internet-Seiten, die Ihnen nicht ganz vertrauenswürdig erscheinen, sollten Sie daher besser nicht verwenden. Überprüfen Sie die gefundenen Informationen jedenfalls, indem Sie sie mit dem vergleichen, was Sie aus anderen Quellen schon wissen.

WELTPOLITISCHE VERÄNDERUNGEN UND WANDLUNGEN IN DEUTSCHLAND

Der seit dem Ende des Zweiten Weltkriegs andauernde Kalte Krieg zwischen den beiden Großmächten USA und Sowjetunion bestimmte auch in den 60er Jahren und in den folgenden Jahrzehnten die Weltpolitik. Das atomare Wettrüsten, die Kuba-Krise und der Vietnam-Krieg zeigten dies deutlich. Andererseits gab es aber auch immer wieder Entspannungsbemühungen, die allerdings erst Ende der 80er Jahre auf ein Ende des Ost-West-Konflikts hoffen ließen. Dazu trugen neben allgemeinen Entspannungstendenzen auch machtpolitische Veränderungen – vor allem durch den Aufstieg Chinas – bei, die sich auf die bisherige bipolare weltpolitische Konstellation auswirkten.

Chinas Wirtschaft
Morgenappell beim chinesischen Klimaanlagenhersteller Yuanda

Der Vietnam-Krieg
Veteran des Vietnam-Krieges mit seinem Sohn am „Vietnam Veterans Memorial" in Washington

Die Entspannungsbemühungen der Großmächte eröffneten auch für Deutschland neue Perspektiven. Mit der 1969-1982 in der Bundesrepublik regierenden SPD/FDP-Koalition begann eine neue Ost- und Deutschlandpolitik, die durch einen „Wandel durch Annäherung" zu einer Entspannung mit den östlichen Nachbarstaaten der Bundesrepublik führte. Innenpolitisch sah sich die Bundesregierung seit den 68er Jahren durch Studentendemonstrationen und später durch Terroraktionen massiven Herausforderungen gegenüber. Die DDR hingegen, der andere Teil Deutschlands, stand in diesen Jahren vor ganz anderen Problemen der Lebens- und Alltagsbewältigung.

„Kraft seiner starken Wurzeln wird er alle Mauern sprengen!"
(Karikatur von Wolfgang Hicks zum Grundlagenvertrag von 1972)

Studentendemonstration in München 1968
Mit Bildern von Karl Marx, Che Guevara, Fidel Castro und Ho Chi Minh zeigen die Demonstranten ihre politischen Standpunkte.

Alltag in der DDR – Ideologie zwischen Damenwäsche
Eine Schaufensterdekoration in der DDR

Entspannung im Ost-West-Konflikt
Verhandlungen zwischen dem amerikanischen Präsidenten Reagan und dem sowjetischen Staatschef Gorbatschow führten zu Abrüstung und weltpolitischer Entspannung.

1. Weltweite Konflikte: Kuba-Krise und Vietnam-Krieg

1961/1962	Durch die Stationierung von sowjetischen Mittelstreckenraketen auf Kuba gerät die Welt an den Rand eines Atomkrieges.
1964–1973	Die USA führen Krieg gegen Nord-Vietnam und den Vietcong.

Der Ost-West-Konflikt bestimmt die Weltpolitik

Die Feindschaft, die zwischen den ehemaligen Verbündeten USA und UdSSR nach 1945 entstanden war, hatte zwei politische Einflusssphären entstehen lassen, die sich als unversöhnliche Blöcke gegenüberstanden: die USA mit ihren Verbündeten in der NATO und die UdSSR mit ihren Satellitenstaaten im Warschauer Pakt. Da beide Großmächte über Atomwaffen und damit über die Möglichkeit zur Vernichtung der Welt verfügten, war dieser Kampf zwischen den beiden Systemen bisher nicht in einen direkten, „heißen" Krieg eskaliert. Es herrschte also „Kalter Krieg". Jede Supermacht respektierte die Einflusssphäre der anderen, den Status Quo in den Kerngebieten ihrer Macht. Sobald eine Seite versuchte, ihren Einflussbereich über den Status Quo hinaus auszudehnen, kam es dagegen zu Konflikten, deren Schärfe davon abhing, wie sensibel durch den Ausdehnungsversuch die Interessen der anderen Supermacht gefährdet waren. Dies zeigte auf bedrohliche Weise die Krise um Kuba.

Kuba-Krise

1959 verjagte eine Revolution unter der Führung Fidel Castros auf Kuba den Diktator Batista, der von den Amerikanern unterstützt wurde. Im Frühjahr 1961 scheiterte ein Versuch von Exilkubanern, mit Hilfe der USA in der Schweinebucht auf Kuba zu landen. In der Folge wurde die UdSSR, die Kuba Hilfe gegen die Invasionsversuche und den Wirtschaftsboykott der USA versprach, Castros engster Bündnispartner. Chruschtschow wollte die Chance nützen, in der Nähe der USA Fuß zu fassen. In aller Stille begann man im Sommer 1962 mit der Stationierung sowjetischer Mittelstreckenraketen auf Kuba. Damit konnte die Sowjetunion das

M 1 Die Reichweite der in Kuba und der Türkei stationierten Raketen

erste Mal weite Gebiete der USA mit Atomwaffen erreichen. Nachdem der US-Geheimdienst die Abschussrampen entdeckt hatte, forderte Präsident Kennedy am 22. Oktober in einer Fernsehrede von der UdSSR ultimativ den Abzug der Raketen. Die Welt sah atemlos zu, wie sie auf einen Atomkrieg zuzutreiben schien.
Präsident Kennedy verhängte gegen den Rat seiner Militärs, sofort militärisch in Kuba einzugreifen, eine Seeblockade. Währenddessen liefen Geheimverhandlungen, die versuchen sollten, eine militärische Auseinandersetzung zu verhindern. Als es am 24. Oktober beinahe zu einem Kampf auf See kam, drehten die sowjetischen Schiffe ab. Nach Abschuss eines US-Spionageflugzeugs über Kuba am 27. Oktober schien der Beginn eines Atomkriegs abermals unmittelbar bevorzustehen. Aber in Geheimverhandlungen fanden die Supermächte doch zu einer Lösung: Die UdSSR zog die Raketen aus Kuba ab, die USA erklärten öffentlich, keine Invasion auf Kuba durchzuführen. Wesentlicher war aber, dass sie ihre Mittelstreckenraketen aus der Türkei entfernten, die sie 1959 dort errichtet hatten und die die UdSSR ebenso bedrohten, wie die Raketen auf Kuba die USA.
Damit war die Lage insoweit entschärft, als beide Seiten ihr direktes Einflussgebiet geschützt hatten und ihr Gesicht vor den Augen der Weltöffentlichkeit wahren konnten. Es war jedoch auch allen klar geworden, dass nur die Verständigung der Supermächte – dieses Mal und auch in Zukunft – ein atomares Inferno verhindern konnte. Daher wurde zwischen Moskau und Washington der sogenannte heiße Draht eingerichtet, eine direkte Telefonverbindung, die in Krisensituationen eine sofortige Kontaktaufnahme ermöglichen sollte.

M2 Kuba-Krise
„Was für eine Unverschämtheit, mir Raketen vor die Tür zu stellen!“
(Karikatur, 1962)

Der Vietnam-Krieg …

Nachdem China und Teile Koreas kommunistisch geworden waren, hatte sich in den USA die sogenannte „Domino-Theorie“ durchgesetzt. Sie verwendete als Bild aufgestellte Dominosteine. Fällt einer um, so wirft er der Reihe nach auch alle andern mit um. Würde also ein Staat kommunistisch, so würden in der Folge die umliegenden Staaten auch dem Kommunismus erliegen. Um dies zu verhindern, wollten die US-Regierungen seit den 50er Jahren jedem Vormarsch des Kommunismus massiv begegnen. Daher unterstützten die USA in Indochina, dem späteren Vietnam, nach dem Abzug der französischen Kolonialmacht 1954 die antikommunistische Regierung durch CIA-Agenten. Im Laufe der Jahre verstärkte sich das Engagement der USA, bis schließlich 1964 Krieg zwischen dem kommunistischen Nord-Vietnam und dem von den USA abhängigen Süd-Vietnam ausbrach. Der kommunistische Führer Ho Chi Minh verstand es geschickt, die rivalisierenden Staaten China und UdSSR zur Unterstützung zu bewegen. Dadurch war es Nord-Vietnam und den im Süden kämpfenden kommunistischen Guerillas (Vietcong) möglich, dem Militäreinsatz der USA zu widerstehen. 1967 standen mehr als eine halbe Million amerikanische Soldaten in Vietnam.

… wird zum Trauma für die USA

Doch der Dschungelkrieg erwies sich als Fiasko und rieb die US-Truppen auf, ohne dass sie dem oft unsichtbaren Gegner einen Sieg abringen konnten. Der Krieg wurde immer brutaler, Chemiewaffen und Bombenhagel forderten immer mehr Opfer in der Zivilbevölkerung, so dass die USA auch in Süd-Vietnam bald mehr als Besatzungsmacht denn als Verbündete betrachtet wurden. Dazu kam, dass die

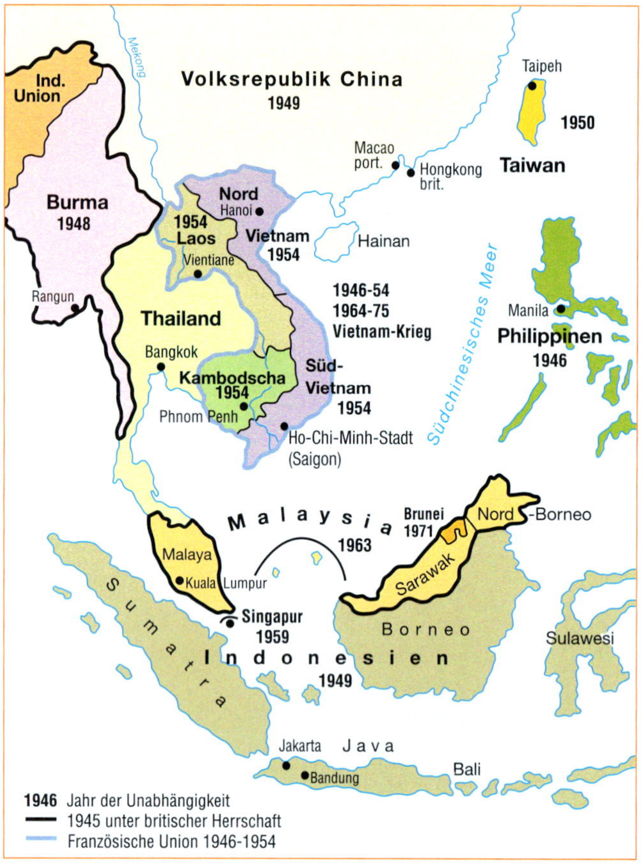

Weltöffentlichkeit zunehmend das Vorgehen der USA kritisierte. Vor allem in der Jugend, auch in den USA, formierte sich breiter Widerstand. Schließlich beschloss Präsident Nixon, den von seinem Vorgänger Lyndon B. Johnson begonnenen Krieg zu beenden. 1973 wurde ein Waffenstillstand zwischen den USA und Nord-Vietnam geschlossen. 1975 eroberten nordvietnamesische Truppen die Hauptstadt Süd-Vietnams, Saigon, das in Ho-Chi-Minh-Stadt umbenannt wurde. Das wiedervereinigte kommunistische Vietnam schloss sich eng an die Sowjetunion an.

Die amerikanische Politik, den Vormarsch des Kommunismus in Asien zu verhindern, war gescheitert. Zudem hatten die USA die erste militärische Niederlage hinnehmen müssen und sahen sich damit konfrontiert, dass sie ihren Ruf als gerechter Verteidiger der Freiheit verloren hatten. Vietnam war zu einem Trauma geworden.

M3 Südostasien 1945–1954

M4 Anti-Kriegs-Demonstration in Berkeley, Kalifornien

Angesichts der Opfer auf beiden Seiten breitete sich in den USA und den Ländern der westlichen Welt zunehmend Stimmung gegen den Krieg und die Kriegsführung der USA aus.

M5 Kennedy und die Raketenkrise

Am 22. Oktober 1962 wandte sich Präsident Kennedy in einer Fernsehansprache an die amerikanische Nation:

Eindeutige Beweise haben den Verdacht bestätigt, dass gegenwärtig eine Reihe offensiver Raketenabschussrampen auf dieser in ein Gefängnis verwandelten Insel aufgebaut wird. Jede dieser Rampen ist, kurz gesagt, in der Lage, Washington D.C., den Panama-Kanal oder Mexiko zu treffen. (...) Diese rasche Umwandlung Kubas in einen wichtigen strategischen Stützpunkt – durch das Vorhandensein dieser großen, weit reichenden und eindeutig offensiven Massenvernichtungswaffen – stellt eine ernste Bedrohung des Friedens und der Sicherheit aller amerikanischen Staaten dar. (...) Um dieser offensiven Aufrüstung Einhalt zu gebieten, wird eine strikte Sperre für alle offensiven militärischen Ausrüstungen, die auf dem Seewege nach Kuba gebracht werden, eingeführt. (...) Es wird die Politik unseres Landes sein, jeden Abschuss einer Atomrakete von Kuba aus gegen irgendeine Nation der westlichen Hemisphäre als einen Angriff der Sowjetunion auf die Vereinigten Staaten anzusehen, der einen umfassenden Vergeltungsschlag gegen die Sowjetunion erfordert. Der Preis der Freiheit ist stets hoch – aber wir Amerikaner haben ihn immer entrichtet, und ein Weg, den wir niemals wählen werden, ist der Weg der Kapitulation oder der Unterwerfung.

Nach: Europa-Archiv, Folge 23/1962, D 568.

M6 Chruschtschows Entgegnung

Chruschtschows zweiter Brief an Kennedy vom 27. Oktober 1962:

Sie sagen, dass Sie von Kuba, das 150 km von Ihrer Küste entfernt ist, beunruhigt sind, dabei ist die Türkei doch unser direkter Nachbar. (...) Glauben Sie, dass Sie nur Sicherheit für Ihr Land und den Abzug der Raketen, die Sie als Offensivwaffen bezeichnen, verlangen können, während Sie uns nicht dasselbe Recht zusprechen? – Ich mache Ihnen daher folgenden Vorschlag: Wir stimmen zu, von Kuba jene Mittel (d.h. Raketen) abzuziehen, die Sie als offensiv betrachten (...) und machen ein Versprechen vor den Vereinten Nationen. Ihr Vertreter wird ein Versprechen machen, dass die USA (...) ihre ähnlichen Mittel aus der Türkei abziehen werden.

U.S. Department of State, Foreign Relations of the United States, 1961–1963, Volume XI, Cuban Missile Crisis and Aftermath, nach: Geschichte lernen Nr. 94 (2003): Kalter Krieg, S. 39 (Übersetzung: Boris Loske).
http://www.mtholyoke.edu/acad/intrel/nikita3.htm
(27. 7. 2007)

M7 Fehlkalkulation

1992 wurden sowjetische Dokumente zur Kuba-Krise veröffentlicht:

Sowjetische Funktionäre enthüllten jedoch später, dass sich während der Krise 36 Mittelstreckenraketen mit nuklearen Sprengköpfen (...) und, für den Fall einer amerikanischen Invasion, neun nukleare Kurzstreckenraketen vor Ort befanden. (...)
Ein erschütterter Robert McNamara erklärte 1992, nachdem er davon erfahren hatte: „Das ist entsetzlich. Das hieß, dass im Falle einer US-Invasion (...) mit 99% Wahrscheinlichkeit ein Atomkrieg ausgelöst worden wäre." Die Aktivitäten aller drei Parteien (USA, UdSSR, Kuba) waren von Fehleinschätzungen, Fehlkalkulationen und Fehlinformationen geprägt.

Nach: Walter La Feber: America, Russia and the Cold War. New York 1993, S. 228, nach: Geschichte lernen Nr. 94 (2003): Kalter Krieg, S. 39 (Übersetzung: Boris Loske).

M8 „Friendly fire" in Vietnam – ein Bild geht um die Welt

Kinder flüchten am 8. Juni 1972 nach einem Napalm-Angriff aus ihrem brennenden Dorf Trang Bang. Es wurde versehentlich von südvietnamesischen Flugzeugen angegriffen, die die flüchtenden Dorfbewohner für Vietcong gehalten hatten.
Es handelte sich sozusagen um „friendly fire".
Dem Foto mit dem nackten, um sein Leben laufenden Mädchen Kim Phuc kam bald eine ganz überragende Bedeutung zu.
Je nach politischem Standort wurde es verschieden interpretiert: als Argument für oder gegen die Vietnamisierung des Krieges oder als Bestätigung für die brutale Kriegführung der Amerikaner, obwohl die US-Truppen zu diesem Zeitpunkt bereits aus Vietnam abgezogen worden waren. Ein Beweis für die Grausamkeit des Krieges war es allemal. Napalm ist eine klebrige, leicht brennbare Flüssigkeit, die schwerste Verbrennungen verursacht. Napalmopfer hatten kaum eine Überlebenschance. Der Fotoreporter Nick Ut, einer von etwa 55 ausländischen Reportern, die noch in Vietnam verblieben waren, erhielt den Pulitzer-Preis für das Bild. Das Mädchen Kim Phuc wurde später Friedensbotschafterin der UNESCO.

M9 Erschießung in Saigon

Der Polizeichef von Saigon erschießt auf offener Straße einen als Vietcong Verdächtigen. Dieses Bild verstärkte weltweit die Kritik an den USA, die das Regime in Saigon unterstützten.

Kuba-Krise

Im Oktober 1962 kam es durch die Stationierung von sowjetischen Raketen in Kuba zu einer Konfrontation zwischen der UdSSR und den USA. Die Seeblockade der USA und das Angebot, die amerikanischen Raketen aus der Türkei abzuziehen, führten zu einem Abzug der Raketen aus Kuba. Der Nervenkrieg zwischen Präsident Kennedy und Ministerpräsident Chruschtschow um die Kubakrise machte deutlich, dass gerade wegen der weiteren Aufrüstung eine Verständigung zwischen den Supermächten nötig war, um einen weltweiten Atomkrieg zu verhindern.

Vietnam-Krieg

Die USA führten seit 1964 offiziell Krieg gegen das kommunistische Nord-Vietnam, um die Ausbreitung des Kommunismus in Asien zu verhindern. Auch der Einsatz von modernen Vernichtungswaffen führte nicht zu einem Sieg. Zudem wandte sich die Weltöffentlichkeit immer mehr gegen die zunehmend brutale Kriegführung der USA. 1973 kam es zum Waffenstillstand und 1975 zum Friedensschluss, der faktisch den Sieg Nord-Vietnams bedeutete. Diese Erfahrung führte in den USA zu dem sogenannten „Vietnam-Trauma".

PROJEKTTIPP

„Der Ost-West-Konflikt im Überblick"

Erstellen Sie eine Liste über die Ursachen und den Verlauf des Ost-West-Konfliktes von 1945–1975, in der Sie Ereignisse in zwei Spalten – Konflikte in Europa und weltweite Konflikte – eintragen. Zeichnen Sie dann ein Flussdiagramm, in dem Sie die Zusammenhänge der Konflikte (in zwei verschiedenen Farben) in den unterschiedlichen Teilen der Welt hervorheben. Erstellen Sie eine Liste der Fachbegriffe und Theorien, die Sie hier gelernt haben, und tragen Sie sie an einer sinnvollen Stelle in das Flussdiagramm ein.

(Zusammenarbeit mit dem Fach Informatik)

Fragen und Anregungen

1. Wählen Sie eines der in diesem Kapitel geschilderten Ereignisse und schreiben Sie dazu einen Zeitungsbericht mit Schlagzeilen und Kommentaren, in denen Sie versuchen auch die Stimmung der Zeit darzustellen.
2. Stellen Sie die unterschiedlichen Positionen Kennedys und Chruschtschows aus den Quellen M5 und M6 dar und ziehen Sie auch die strategische Lage, wie sie in M1 zum Ausdruck kommt, mit heran.
3. Fassen Sie in eigenen Worten die Aussagen der Quelle M7 zusammen und benennen Sie die grundsätzliche Gefahr, die sich daraus für die weltpolitische Lage erkennen lässt.
4. Erklären Sie die Karikatur M2.
5. Suchen Sie in Anlehnung an M4, M8 und M9 nach Zeugnissen für die Auseinandersetzung der Jugend mit dem Vietnam-Krieg (Songtexte, Zeitungsartikel, Interviews etc).
6. Erklären Sie den Begriff „Vietnam-Trauma".

2. Zwischen Entspannung und erneuter Verhärtung

1972	Die Verhandlungen zur Begrenzung strategischer Angriffswaffen (SALT-I-Abkommen; Strategic Arms Limitation Talks) werden abgeschlossen.
1975	Die „Konferenz für Sicherheit und Zusammenarbeit in Europa" findet mit der KSZE-Schlussakte von Helsinki ihren Abschluss.
1979	Die Verhandlungen zum SALT-II-Abkommen werden erfolgreich abgeschlossen. Die NATO verkündet ihren Doppelbeschluss zur Stationierung von Mittelstreckenraketen. Sowjetische Truppen marschieren in Afghanistan ein.
1983	Die USA verkünden das SDI-Programm (Strategic Defense Initiative), ein weltraumgestütztes Raketensystem zur Abwehr von Nuklearangriffen, und stationieren Pershing-II-Mittelstreckenraketen in Europa.

M 1 „Der Rüstungswettlauf"
(Karikatur von Horst Haitzinger, 1981)

USA und UdSSR nach der Kuba-Krise: militärische Stärke ...

Durch die Kuba-Krise hatten sowohl die USA als auch die Sowjetunion ihre Verwundbarkeit erkannt. Daher versuchte jede Seite so viele und so wirkungsvolle Waffen zu entwickeln, dass sie im Falle eines Atomkrieges auf jeden Fall noch in der Lage wäre, zurückzuschlagen und den Gegner durch einen „Zweitschlag" zu vernichten. Langstreckenbomber, landgestützte Interkontinentalraketen und Atom-U-Boote ergaben ein System an Vernichtungswaffen, die der Gegner kaum orten und daher auch kaum zerstören konnte und zudem noch das Potenzial hatte, den Gegner mehrfach zu vernichten. Dieser Gedanke der Abschreckung durch die Zweitschlagsfähigkeit ging von der Annahme aus, dass keine Seite so irrational handeln würde, das Leben ihrer Bevölkerung aufs Spiel zu setzen.
Damit ergab sich zwischen den Supermächten eine gewisse Form von Gleichgewicht, das eine direkte Auseinandersetzung verhinderte.
Andererseits hatte die Kuba-Krise gezeigt, dass eine Verständigung der beiden Supermächte lebensnotwendig für die Welt war. Es war deutlich geworden, dass der Rüstungswettlauf einer Kontrolle bedurfte, um die Welt nicht in vergleichbar gefährliche Situationen zu führen. Diese Einsicht sprach auch aus dem neuen politischen Grundsatz der amerikanischen Außenpolitik der „flexible response", die besagte, dass die USA nicht in jedem Fall auf einen Angriff mit der ganzen atomaren Schlagkraft antworten würden, sondern dies erst das allerletzte Mittel sein sollte. Damit blieb allerdings der Zwang, die Rüstungspotenziale aufrecht zu erhalten. Die Kosten dieses Rüstungswettlaufes stellten bald nicht nur für die UdSSR, sondern auch für die USA eine enorme wirtschaftliche Belastung dar.

... und innere Schwäche

Dazu kam, dass beide Mächte in ihren Blöcken an moralischer Führungskraft verloren hatten. Der Rücktritt von Präsident Nixon, Rassenunruhen und vor allem die massiven und anhaltenden öffentlichen Proteste gegen den Vietnam-Krieg erschütterten das Ansehen der USA in der Welt.

Der Sturz Chruschtschows, die brutale Niederwerfung der Aufstände in der DDR, Polen, Ungarn und der Tschechoslowakei sowie vor allem die zunehmend schlechte Versorgungslage und die Unterdrückung Andersdenkender in der UdSSR führten dazu, dass das Bild des Kommunismus überall litt.
Da aber beide Supermächte ihren Einfluss sichern wollten, konnte ihnen die öffentliche Meinung nicht gleichgültig sein. Auch in den Ländern der Dritten Welt stand ihre Glaubwürdigkeit auf dem Spiel und die Bedeutung der Blockfreien zeigte, dass sich nicht alle Staaten in die Blöcke einbeziehen lassen wollten. Zudem trat mit China eine neue Großmacht auf den Plan, der sowohl die USA als auch die UdSSR misstrauisch gegenüberstanden.

Entspannung durch Verträge und Konferenzen

So führten schließlich viele Gründe dazu, dass die beiden Supermächte den Weg der Verhandlungen einschlugen. 1972 wurde der SALT-I-Vertrag zur Begrenzung von Langstreckenwaffen (strategischen Waffen) unterzeichnet, dem 1979 SALT II folgte. In diesen Verträgen wurden allerdings nur Obergrenzen der Waffensysteme festgelegt, Entspannung im Sinne einer Vertrauensbildung fand hier nicht statt.
Dies leistete die seit 1973 in Helsinki tagende „Konferenz für Sicherheit und Zusammenarbeit in Europa“ (KSZE), an der sowohl die Mitgliedsstaaten der NATO als auch des Warschauer Paktes teilnahmen. In der Schlussakte von Helsinki 1975 beschloss man vertrauensbildende Maßnahmen, z. B. gegenseitige Beobachter bei Manövern, die Anerkennung der Menschenrechte und das Selbstbestimmungsrecht. Auch wenn dies mehr Bekenntnisse als konkrete, politische Verträge waren, bedeutete Helsinki doch einen Höhepunkt in der Entspannungspolitik, denn das erste Mal hatte man sich auf gemeinsame Grundsätze geeinigt, worauf sich vor allem die Oppositionsgruppen im Ostblock berufen konnten. Damit war eine gedankliche Voraussetzung geschaffen, die langfristig innerhalb der Blöcke die Gegensätze aufzuweichen begann.

Neue „Eiszeit“: der „NATO-Doppelbeschluss“...

Vorerst wurde aber einmal die Doppelstrategie der sowjetischen Führung deutlich: Einerseits zeigte sie Dialogbereitschaft, andererseits demonstrierte sie durch militärische Einsätze Härte und ihren Weltmachtanspruch. So modernisierte die UdSSR seit der Mitte der 70er Jahre ihre Mittelstreckenraketen, die von den SALT-Verträgen nicht erfasst wurden, und stationierte diese SS-20-Raketen so in Osteuropa, dass sie Ziele in Westeuropa erreichen konnten. Die NATO empfand das als Bedrohung und fasste 1979 den Beschluss, dass die UdSSR entweder über den Abbau der SS-20-Raketen verhandeln müsste oder die NATO würde ihrerseits Mittelstreckenraketen in Mitteleuropa stationieren. Dieser „NATO-Doppelbeschluss“ war in der westlichen Öffentlichkeit sehr umstritten und es entstand eine Friedensbewegung, die durch Demonstrationen auf die Gefahr eines neuen „kalten“ bzw. sogar heißen Krieges aufmerksam machen wollte. Trotzdem kam es im Herbst 1983 zur Stationierung der Pershing-II-Raketen in Europa.

M2 Anstecker zum Flug von Apollo und Sojus 1975
Obwohl auch im Weltraum der Wettlauf zwischen Ost und West stattgefunden hatte, fand man sich hier im Zuge der Entspannung zur Zusammenarbeit bereit. 1975 wurde so ein erfolgreiches Andockmanöver zwischen den Raumschiffen Apollo (USA) und Sojus (UdSSR) und ein Treffen der Besatzungen durchgeführt. Diese Begegnung wurde als ein Symbol für die Entspannung gefeiert.

1979 marschierten sowjetische Truppen in Afghanistan ein, um das sozialistische Regime dort gegen dessen islamorientierte Gegner, die Mudschaheddin (arab. „Kämpfer“), zu unterstützen. Dieser erste militärische Eingriff der UdSSR außerhalb ihres „Blocks“ verletzte das bisher geltende Prinzip des Status Quo. Daher reagierten die USA und die NATO mit wirtschaftlichen Sanktionen und riefen zum Boykott der Olympischen Spiele in Moskau 1980 auf. Außerdem unterstützten die USA die muslimischen Widerstandskämpfer mit Waffen und Geld.
1983 verkündete US-Präsident Reagan zudem das neue Raketenprogramm, SDI (Strategic Defense Initiative), ein weltraumgestütztes Raketensystem zur Abwehr von Nuklearangriffen, das die UdSSR herausforderte, in moderner Waffentechnologie gleichzuziehen. Dadurch und durch die Mittelstreckenstationierungen in Europa lief der Rüstungswettlauf wieder an. Statt von Entspannung sprach man von einer „neuen Eiszeit“ zwischen den Supermächten.

... und sowjetischer Einmarsch in Afghanistan

M 3 Afghanistan – die Sowjetunion in der Sackgasse
Wie die US-Armee in Vietnam, so stieß die sowjetische Streitmacht auf einen unerwartet starken Widerstand. Afghanische Mudschaheddin bemächtigen sich eines sowjetischen Panzers.

M 4 Friedensdemonstration in Bonn 1983
Am 22. Oktober 1983 versammelten sich mehr als 300 000 Menschen in Bonn, um gegen die Stationierung neuer atomarer Waffensysteme in der Bundesrepublik zu demonstrieren.

M5 Entspannung: ein bewaffneter Frieden?

Leonid Breschnew nach seiner Rückkehr aus den Vereinigten Staaten im Juni 1973:

Niemand kann davon ausgehen, dass wir es akzeptieren würden, auch nur vorläufig auf das zu verzichten, was der Kampf unseres ganzen Lebens ist. Ja zur Koexistenz der Staaten, dennoch werden wir alles in unserer Macht Stehende tun, damit sich der Sozialismus auf dem ganzen Erdball verbreitet. Andernfalls wären wir Renegaten und Verräter. Die gesamte proletarische Bewegung würde uns verurteilen und Millionen Frauen und Männer, die so viel Bewunderung für die Oktoberrevolution empfinden und die, mit unserer Solidarität rechnend, sich anschicken, ihre Befreiung zu erzwingen, würden sich aus gutem Grunde von uns abwenden.

Nach: C. Durand-Berger: Le Défi soviétique. Paris 1979.

M6 War der NATO-Doppelbeschluss notwendig?

Der damalige CDU-Oppositionsführer und spätere Bundeskanzler Helmut Kohl schrieb in seinen Erinnerungen:

Ich war mir im Herbst 1979 mit anderen Beobachtern völlig im klaren darüber, daß es der Sowjetunion nicht gelingen durfte, ihr fast totales Übergewicht (...) bei Mittelstreckenwaffen festzuschreiben. Ansonsten hätten sie dreierlei erreicht: Rein militärisch gesehen verfügte Moskau damit zum ersten Mal in der Geschichte über die sogenannte präventive Erstschlagkapazität mit modernen Nuklearwaffen. (...) Dies war eine neue, militärisch völlig inakzeptable Situation. (...) Dieses Übergewicht der Sowjetunion hätte zur Folge gehabt, dass Europa vom nuklearen Schutz der Vereinigten Staaten von Amerika abgeschnitten war.

Helmut Kohl: Erinnerungen 1930–1982. München 2004, S. 554 f.

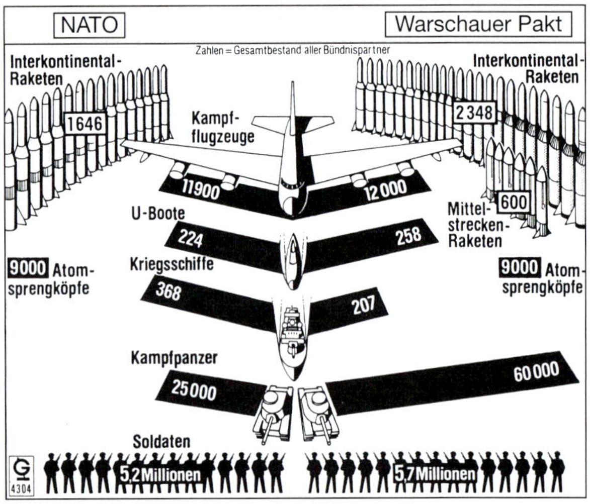

M7 Rüstung in Ost und West, Stand 1982

Entspannungspolitik

Seit der Mitte der 60er Jahre wuchs das Interesse an einer Entschärfung des Ost-West-Konfliktes. Zwar ging man weiterhin vom prinzipiellen Gegensatz der Systeme aus, man versuchte aber, durch Verhandlungen eine neue Vertrauensbasis zu schaffen und Missverständnisse auszuschalten. So kam es zu regelmäßigem Gedankenaustausch der Politiker, der zu wirtschaftlicher und kultureller Zusammenarbeit führte. Auch Verträge der Rüstungsbegrenzung wurden geschlossen. Diese Phase der Entspannungspolitik endete 1979 mit dem NATO-Doppelbeschluss und dem Einmarsch der UdSSR in Afghanistan.

Fragen und Anregungen

1. Fassen Sie in eigenen Worten zusammen, wie Breschnew das Verhältnis der beiden Großmächte sieht. Welches Verständnis von Entspannung hat er? (M5)
2. Erläutern Sie die Karikatur Haitzingers. (M1)
3. Recherchieren Sie im Internet die Grundzüge der KSZE-Schlussakte und stellen Sie sie in einem Kurz-Referat dar. Behandeln Sie dabei die Frage, inwiefern die Schlussakte die gedanklichen Grundlagen für eine Auflösung der Blöcke vom Inneren her schuf.
http://www.dhm.de/lemo/html/dokumente/NeueHerausforderungen_vertragKSZESchlussakte/index.html (27.07.2007)

3. Volksrepublik China – eine neue Weltmacht?

1949 Aus einem jahrzehntelangen Bürgerkrieg gehen die Volksrepublik China und die Republik China (Taiwan) hervor.

ab 1966 Die „Große Proletarische Kulturrevolution" Mao Zedongs stürzt China in ein wirtschaftliches und politisches Chaos.

ab 1977 Nach Maos Tod (1976) beginnt unter Deng Xiaoping ein Reformkurs, der den Aufstieg zur Weltwirtschaftsmacht begründet.

1989 Ein Blutbad beendet die Demokratiebewegung in China.

M1 **Der Balance-Akt des Genossen Deng**

Bürgerkrieg und Sieg der Kommunistischen Partei

1911 wurde in China der Kaiser abgesetzt. Die neue Republik drohte in regionale Provinzstaaten zu zerfallen, in denen Militärs die Macht hatten. Dem Führer der Nationalen Volkspartei, General Chiang Kai-shek, gelang es schließlich mit Hilfe der seit 1921 bestehenden Kommunistischen Partei Chinas (KPCh), das Land zu vereinigen. Danach allerdings wollte er sich seiner kommunistischen Bündnispartner gewaltsam entledigen. Ein neuer Bürgerkrieg begann, da die Führer der Kommunisten – unter ihnen Mao Zedong, ein Bauernsohn und Lehrer – eine „Rote Armee" aus Bauern für den Partisanenkampf ausbildeten. Im Kampf um die Macht mussten sich die Kommunisten 1934 auf dem „Langen Marsch" durch das Land (ca. 12 000 km) in entlegene Gebiete zurückziehen. Während des Zweiten Weltkriegs bildeten die Nationale Volkspartei und die Kommunistische Partei wieder eine Einheitsfront gegen das angreifende Japan. Aber nach der japanischen Kapitulation 1945 flammte der Bürgerkrieg erneut auf und endete schließlich mit dem Sieg der Kommunisten. 1949 flohen Chiang Kai-shek und seine Anhänger auf die Insel Formosa, wo sie die Republik China (Taiwan) gründeten. Am 1. Oktober 1949 rief Mao in Peking (Bejing) die Volksrepublik China aus.

„Großer Sprung nach vorn"

Die Kommunisten begannen unverzüglich damit, Gesellschaft und Staat umzugestalten. In Landwirtschaft und Industrie geschah dies zunächst nach sowjetischem Vorbild durch Enteignung und Verstaatlichung. Verurteilungen durch „Volkstribunale" und Hinrichtungen kosteten etwa drei Millionen Menschen das Leben.
1958 propagierte Mao den „Großen Sprung nach vorn": Industrie und Landwirtschaft sollten gleichzeitig entwickelt werden. Mao setzte dabei nicht wie die Sowjetunion auf eine Parteielite, sondern auf die „Mobilisierung der Kraft der Massen", d. h. vor allem der Bauern. Eine „permanente Revolution" sollte alle Gegensätze in der Gesellschaft aufheben und zum Ziel der „klassenlosen Gesellschaft" führen. Dazu wurden Volkskommunen gebildet: Jeweils einige tausend Haushalte mussten sich zu einer Art Lagergemeinschaft zusammenschließen, in der es kein Privatleben und kein Privateigentum mehr gab. Jede Volkskommune sollte in der Lage sein, sich vollkommen selbst zu versorgen. Der „Große Sprung nach vorn" endete jedoch in einer wirtschaftlichen Katastrophe und einer Hungersnot, der ca. 27 Millionen Chinesen zum Opfer fielen.

„Große Proletarische Kulturrevolution"

Der entstehenden Opposition innerhalb und außerhalb der Partei warf Mao „bürgerlich-kapitalistisches Denken“ vor und mobilisierte dagegen 1966 die Jugend Chinas. Als „Rote Garden“ brachen die Jugendlichen auf zur „Großen Proletarischen Kulturrevolution“. Das „Rote Buch“ mit Maos lehrhaften Aussprüchen als ihre „Bibel“ schwenkend, verließen sie Schulen und Universitäten. Tatsächliche oder vermeintliche Gegner Maos wurden als „Konterrevolutionäre“ aus ihren Ämtern gejagt, oft auch umgebracht oder zum Selbstmord getrieben. Verwirrung und Chaos breiteten sich aus, die Produktion stockte erneut. Schließlich musste Mao selbst die von ihm losgetretene Lawine der Gewalt durch die Armee beenden und die Partei übernahm wieder die Macht.

Neue Innenpolitik: Reform statt Revolution

Nach Maos Tod (1976) verkündete Deng Xiaoping, der neue starke Mann in China, 1978 einen völlig neuen Kurs: Befreiung der Forschung und Lehre von ideologischen Einschränkungen, Modernisierung von Landwirtschaft und Industrie, Förderung der Verantwortung und des persönlichen Leistungsstrebens durch leistungsgerechte Entlohnung und sogar Einführung westlicher Produktions- und Managementmethoden. Das erstarrte System der zentralen Planwirtschaft wurde vorsichtig durch marktwirtschaftliche Methoden ergänzt. Der neue Kurs war erfolgreich: Industrie und Landwirtschaft steigerten ihre Produktion, das Einkommen der Erwerbstätigen stieg.

Widerspruch zwischen Wirtschaft und Politik

Allerdings lag erheblicher Konfliktstoff in der Frage, wie sich eine straffe Kontrolle im Einparteienstaat mit einer beschränkt freien Wirtschaft verträgt. Während auf der einen Seite Parteifunktionäre ihre Macht über die Wirtschaft nicht preisgeben wollten, demonstrierten auf der anderen Seite vor allem Studenten 1978, 1986/87 und 1989 dafür, den Reformkurs fortzusetzen sowie mehr Freiheit und Demokratie zu gewähren. Die Studentenproteste im Juni 1989 auf dem „Platz des Himmlischen Friedens“ in Peking für politische Liberalisierung und gegen Korruption im Staats- und Parteiapparat wurden durch Armee-Einheiten niedergeschlagen. Bilder dieses Blutbades gegen die Demokratiebewegung erschütterten die Öffentlichkeit. Dennoch gelang es China, die seit den 70er Jahren begonnene Annäherung an die westlich-kapitalistische Welt fortzusetzen. Bereits 1979 nahm die VR China mit den USA, dem bisherigen „Feind Nr.1“, diplomatische Beziehungen auf. Und schon 1971 hatte China die Aufnahme in die UNO und einen ständigen Sitz im Weltsicherheitsrat erreicht. Taiwan dagegen wurde ausgeschlossen. China war auf dem Weg, Weltmacht zu werden.

Wirtschaftliche Großmacht – und viele Probleme

Mit dem Ende der 1970er Jahre begann zunächst der Aufstieg Chinas zur wirtschaftlichen Großmacht. Im Rahmen der Globalisierung fertigen bis heute chinesische Fabriken Waren aller Art für internationale Firmen rund um die Welt. Viele sprechen angesichts der anhaltend hohen Wachstumsraten von einem Wirtschaftswunder, das auch durch den riesigen ungesättigten Markt für Europa große unternehmerische Chancen bietet. Andere sehen in Chinas Wirtschaft vor allem eine Bedrohung für Millionen europäischer Arbeitsplätze, warnen vor dem undemokratischen System und verweisen auf die Schattenseiten des wirtschaftlichen Wandels. Denn die Unterschiede zwischen Stadt und Land, Arm und Reich wachsen, die soziale Absicherung der Arbeitnehmer ist unzureichend, die Umweltprobleme nehmen gravierend zu und die Kommunistische Partei beherrscht das Land vielfach mit Willkür, Korruption und Missachtung der Menschenrechte. Dies führt immer wieder zu regionalen Unruhen. Chinas Zukunft wird daher nicht nur davon bestimmt sein, ob es das wirtschaftliche Wachstum stabilisieren kann, sondern vor allem auch, ob es die innenpolitischen Herausforderungen bewältigen kann.

M2 Mythos Mao

Menschenmassen bilden auf einer Tribüne mit Fähnchen das Portrait Maos. Millionen sind unter Mao Zedong verhungert, wurden gefoltert oder getötet – und dennoch ist für viele Chinesen Mao bis heute ein genialer Feldherr und weiser Staatsgründer, der dem abgestiegenen Großreich China zu neuer Würde verholfen hat.

M3 Die „Große proletarische Kulturrevolution"

Aus dem Programm der Pekinger Roten Garden vom 23. 8. 1966:

3. Überall müssen Zitate Mao Zedongs an Stelle der bisherigen Neonreklamen angebracht werden.
6. Eine eventuelle Opposition muss rücksichtslos beseitigt werden.
7. Luxusrestaurants und Taxis haben zu verschwinden.
12. In allen Straßen sollen Lautsprecher aufgestellt werden, um der Bevölkerung Verhaltensmaßregeln zu vermitteln.
13. Die Lehre Mao Zedongs muss schon im Kindergarten verbreitet werden.
14. Die Intellektuellen sollen in Dörfern arbeiten.
17. Auf Parfüms, Schmuckstücke, Kosmetik und nichtproletarische Kleidungsstücke und Schuhe muss verzichtet werden.
19. Die Verbreitung von Fotografien von sogenannten hübschen Mädchen soll eingestellt werden.
23. Bücher, die nicht das Denken Mao Zedongs wiedergeben, müssen verbrannt werden.

Nach: Informationen zur politischen Bildung Nr. 198, hrsg. von der Bundeszentrale für politische Bildung. Bonn 1983, S. 15.

M4 „... zu 70 Prozent gut und zu 30 Prozent schlecht"?

Seit Maos Tod verhindert die Partei (...) eine öffentliche Abrechnung mit ihrem Idol. Wirtschaftsreformer Deng Xiaoping prägte stattdessen Anfang der achtziger Jahre eine ebenso schlichte wie groteske Formel: „Mao war zu 70 Prozent gut und zu 30 Prozent schlecht." (...)
Vor allem versucht die KP, Maos Verantwortung für die Entfesselung der Kulturrevolution (...) herunterzuspielen. Für die gröbsten Auswüchse machen die Führer die sogenannte Viererbande um Maos radikaler Frau Jiang Qing verantwortlich. Die Gruppe wurde 1981 in einem Schauprozess verurteilt. (...)
Die Schrecken der Kulturrevolution haben sich älteren Chinesen tief in die Seele gebrannt. Damals folterten und demütigten junge Rotgardisten Eltern und Lehrer, Wissenschaftler und Parteikader. Arbeitskollegen und Nachbarn denunzierten einander und erschlugen sich im Namen Maos. (...) Die Partei hat die meisten Opfer inzwischen rehabilitiert, doch außer der Viererbande wurde kaum einer der Mörder verurteilt. Noch immer leben Opfer und Täter zuweilen auf einem Flur oder hocken im selben Büro. (...) Mit Argusaugen wacht die KP darüber, dass der Mao-Mythos nicht gefährdet wird.

Andreas Lorenz: „Immer in meinem Herzen", in: Der Spiegel Nr. 40 vom 1. Oktober 2005.

M5 Der Wirtschaftsboom – und die Folgen

Die Frankfurter Rundschau schreibt dazu 2006:

China erhält für sein einmaliges Wirtschaftswachstum viel internationales Lob. In den vergangenen 15 Jahren stieg das Bruttosozialeinkommen im Reich der Mitte um jährlich neun Prozent – in einzelnen Regionen sogar um bis zu 30 Prozent. Hunderte Millionen Menschen schafften den Sprung aus der Armut. (...)
Die Kehrseite der Medaille ist, dass die Energieversorgung Chinas an ihre Grenzen stößt und die Umweltschäden katastrophale Ausmaße angenommen

haben. Laut einer Studie der Weltbank befinden sich 16 der 20 am stärksten verschmutzten Städte der Welt in China. Ein Viertel des Landes wird regelmäßig von saurem Regen verunreinigt, hervorgerufen durch das beim Verheizen von 1,6 Millionen Tonnen Kohle pro Jahr entstehende Schwefeldioxid. Die Abholzung der – ohnehin nur 16 Prozent der Fläche Chinas bedeckenden – Wälder fördert den Vormarsch der Wüsten. Der jährliche Wasserbedarf wird bis 2030 von 120 auf 400 Milliarden Tonnen steigen. Dabei haben es 60 Millionen Chinesen schon heute schwer, genügend Wasser für ihr tägliches Leben aufzutreiben. (...) Eines der größten Probleme schafft die rasche Motorisierung. (...) Schon jetzt ist China zu 70 Prozent von Energieimporten abhängig.

Pierre Simonitsch: „Der Preis für Chinas Fortschritt“, in: Frankfurter Rundschau vom 26. Januar 2005.

M 6 Die Prüfungen sind vorbei – es ist Zeit zum Sterben!

Vor allem die Landbevölkerung, die Bauern, sind nach wie vor die Stiefkinder der Nation. Dies zeigt ein Pressebericht der Süddeutschen Zeitung vom 27. Juli 2006:

Die Prüfungen sind vorbei – es ist Zeit zum Sterben! Auf dem Land, in Chinas armen Inlandsprovinzen, kommt es jedes Jahr nach den landesweiten Uni-Prüfungen zu einer Welle von Selbstmorden. „Xuefei cuiming“ heißen sie in Chinas Medien – die „Schulgebühr-Selbstmorde“. (...) Die Opfer sind oft Eltern erfolgreicher Schüler, die kein Geld für die hohen Hochschulgebühren haben.

Der 50-jährige Li Haiming, ein armer Bauer aus dem Dorf Nanguanzhang in der Provinz Shanxi, hat sich an einem Türrahmen erhängt, berichtet die örtliche Zeitung „Sanjin Dushibao.“ Er tat es am zweiten Tag, nachdem seine Tochter Lingling die Prüfung für das „Industriekolleg Xian“ bestand. In den Tagen zuvor hatte Li zu einem Nachbarn gesagt, dass er nicht wisse, wie er die hohen Uni-Gebühren auftreiben solle und dass er sich als „nutzloser Vater“ empfinde, schreibt das Blatt. Um acht Uhr morgens am 27. Juni fand Lingling ihren Vater am Türrahmen der Scheune hängend. (...)

Chinas Universitäten verlangen pro Jahr mindestens 8000 Yuan (rund 800 Euro) Studiengebühren, gute Unis ein Vielfaches davon.

Das durchschnittliche Jahreseinkommen eines Landbewohners lag im Jahr 2004 bei 2936 Yuan. In den Städten betrug das durchschnittliche Jahreseinkommen 9422 Yuan.

Nach: Süddeutsche Zeitung Nr. 171 vom 27. Juli 2006.

M 7 Umweltverschmutzung – „der Fehler liegt im System“

Aus einem Bericht der Süddeutschen Zeitung vom 1. August 2006:

Aber während die Schulkinder brav ihren Abfall in den Mülleimer werfen, leiten Fabriken Tonnen von Gift in Flüsse und Seen, verseuchen Chemieunternehmen ganze Landstriche, erkranken ganze Dörfer an Krebs und anderen Krankheiten.

M 8 Zwei Gesichter Chinas:
links: Der Transrapid in Shanghai: Zwischen Peking und Shanghai befindet sich die bislang einzige kommerzielle Transrapid-Strecke der Welt.
rechts: Ein Blutbad beendet 1989 auf dem Platz des Himmlischen Friedens in Peking die Demokratiebewegung.

Der Fehler liegt im System. Es „mangeln Überwachungsmechanismen", sagt Bao Maohong (ein Geschichtsprofessor an der Peking Universität). Die staatlichen lokalen Umweltbüros sind finanziell und personell abhängig von den lokalen Parteibehörden – den Behörden, die sie überwachen sollen. Gleiches gilt für die lokalen Gerichte – auch sie bekommen ihr Geld von den lokalen Kadern. Die Kader aber werden bislang nur dann befördert, wenn sie es verstehen, Profit zu machen.
Umweltsünder kommen somit oft ungeschoren davon, gedeckt von ihren Geschäftsfreunden, den Kadern. Zwar hat die Führung nun angekündigt, dies ändern zu wollen, doch bleiben Umweltschützer skeptisch.

Nach: Süddeutsche Zeitung Nr. 175 vom 1. August 2006.

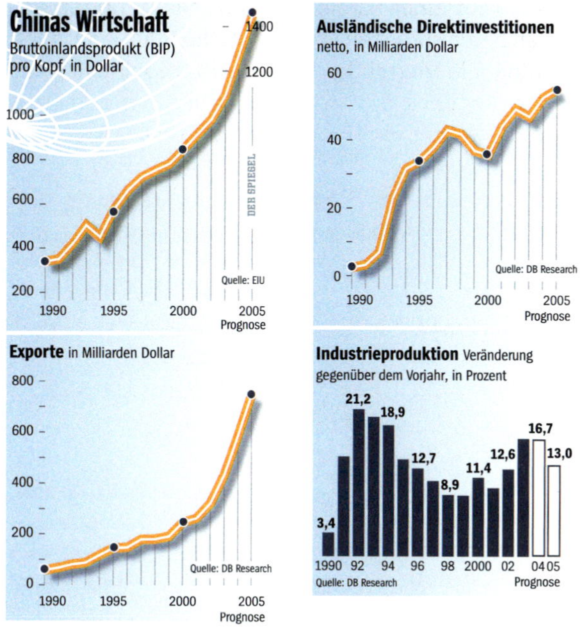

M 10 Wirtschaftliche Entwicklung Chinas

M 9 „Sorgt euch um die Mädchen"

Die jahrzehntelange „Ein-Kind-Politik" Chinas, um der Bevölkerungsexplosion Einhalt zu gebieten, hat das Geburtenverhältnis aus dem Gleichgewicht gebracht. Die Frankfurter Allgemeine Zeitung schreibt dazu 2004:

Im Landesdurchschnitt kommen in China auf 100 Mädchengeburten 117 Jungengeburten, das normale Verhältnis liegt bei 100 zu 104 bis 107. In einigen Regionen Chinas ist die Abweichung von der Norm noch größer (...) mit einem Verhältnis von mehr als 130 Jungen zu 100 Mädchen. (...)
Beim zweiten Kind ist das Geschlechterverhältnis 100 Mädchen zu 151,9 Jungen und bei einem dritten sogar bei 100:159,4. In der Provinz Shaanxi lag das Geschlechterverhältnis sogar beim zweiten Kind schon bei 100:253,5. Der Grund: Die Eltern lassen das Geschlecht ihres Kindes per Ultraschalluntersuchung bestimmen und weibliche Föten werden abgetrieben. (...) Noch immer zieht Chinas Landbevölkerung den Sohn der Tochter vor. (...) Ein Sohn hat zusammen mit seiner Frau die Aufgabe, für seine Eltern in Krankheit und im Alter aufzukommen. (...) Nun warnen Bevölkerungswissenschaftler davor, dass es bei der Jungenüberzahl die Männer bald schwer haben werden, eine Ehefrau zu finden. Im nächsten Jahrzehnt werden nach Berechnungen in China 60 Millionen Frauen fehlen.

Petra Kolonko: „Sorgt euch um die Mädchen!", in: Frankfurter Allgemeine Zeitung vom 8. Juni 2004.

Fragen und Anregungen

1. Die Karikatur M1 stammt aus den 80er Jahren. Erläutern Sie, inwieweit die Aussage der Karikatur auch noch für die heutige Situation Chinas zutrifft.
2. Führen Sie mit Beispielen aus, wie Staat und Gesellschaft nach dem Programm der Roten Garden aussehen würden. (M3)
3. Legen Sie die unterschiedlichen Positionen zur Rolle Maos und der Kommunistischen Partei Chinas in M2 bis M4 dar.
4. Zwei Gesichter Chinas: Erläutern Sie dies anhand M5 bis M10 und dem VT.
5. Erkundigen Sie sich über aktuelle Medienberichte oder im Internet, inwieweit sich die jetzige wirtschaftliche, politische und gesellschaftliche Situation Chinas seit dem Jahre 2007 (M5 bis M10) verändert hat.

4. Wandel durch Annäherung – die neue Ost- und Deutschlandpolitik

1970 Die Bundesrepublik schließt Verträge mit der UdSSR und Polen.

1971 Zwischen den Westmächten und der Sowjetunion kommt es zum „Viermächte-Abkommen über Berlin".

1972 Die Bundesrepublik und die DDR schließen einen „Grundlagenvertrag" ab.

1973 Die Bundesrepublik und die DDR werden in die Vereinten Nationen (UNO) aufgenommen.

M 1 Ein Bild geht um die Welt.
Bei seinem Polenbesuch in Jahr 1970 kniet Bundeskanzler Willy Brandt vor dem Mahnmal im ehemaligen Warschauer Ghetto nieder. Diese Geste erregt zunächst in der Bundesrepublik, dann weltweit Aufsehen. „Ich habe im Namen unseres Volkes Abbitte leisten wollen für ein millionenfaches Verbrechen, das im missbrauchten deutschen Namen verübt wurde", sagte Brandt später.

Probleme mit den Nachbarn im Osten

Nach 1945 war es zu keinem Friedensvertrag mit dem besiegten Deutschland gekommen. Deshalb bestand die Bundesrepublik darauf, dass das Deutsche Reich völkerrechtlich in seinen Grenzen von 1937 weiter bestehe. Erst ein Friedensvertrag könne zum Beispiel über Gebietsverluste Deutschlands endgültig entscheiden. So weigerten sich die Bundesregierungen, die Oder-Neiße-Linie als Westgrenze Polens anzuerkennen. Die polnische Regierung aber forderte eine Garantie für diese Grenze. Denn östlich der Oder-Neiße-Linie lebten nun vor allem Polen: Die meisten Deutschen waren vertrieben worden. Andererseits waren aus dem Inneren Polens und aus den Gebieten, die Polen 1945 im Osten an die Sowjetunion abtreten musste, Polen nach Westen umgesiedelt worden, in die ehemals deutschen Ostgebiete.
Die DDR hatte in Verträgen mit Polen und der Tschechoslowakei die Vertreibung der Deutschen aus Schlesien, Pommern und Ostpreußen sowie aus dem Sudetenland als rechtmäßig anerkannt. Die Bundesrepublik dagegen bestand darauf, dass die Vertreibung ein nicht zu rechtfertigendes Unrecht sei. Ein weiteres Problem ergab sich bei den in den östlichen Staaten gebliebenen Deutschen, denen dort das Lebensrecht als sprachliche und kulturelle Minderheit verweigert wurde. Deshalb kamen seit 1950 über 2 Millionen als Aussiedler in die Bundesrepublik.

Die „Deutsche Frage": Was geschieht mit Deutschland?

Der Gegensatz zwischen Ost und West band die Bundesrepublik immer enger an die Westmächte, die DDR immer enger an die Sowjetunion und das östliche Bündnis. Ende der 1960er Jahre setzte sich die Einsicht durch, dass eine Entspannung zwischen den Supermächten Sowjetunion und USA notwendig sei. Dies eröffnete auch für die Deutschlandpolitik neue Möglichkeiten. Das Bemühen vieler Politiker in der Bundesrepublik galt nun dem Ziel, zu verhindern, dass sich die Deutschen in Ost und West noch weiter auseinander lebten. Nach den Bundestagswahlen von 1969 bildeten SPD und FDP eine Regierung der sozial-liberalen Koalition mit Willy Brandt (SPD) als Bundeskanzler und Walter Scheel (FDP) als Außenminister. Diese Regierung trat für eine neue Ost- und Deutschlandpolitik ein.

Verträge von Moskau und Warschau

Als erstes mussten die Beziehungen zur Sowjetunion geregelt werden. Im August 1970 verpflichteten sich die Bundesrepublik und die UdSSR im „Moskauer Vertrag“ zum Gewaltverzicht und erklärten die Grenzen in Europa als unverletzlich. Dies schloss ausdrücklich auch die Oder-Neiße-Linie und die Grenze zwischen der Bundesrepublik und der DDR ein. Der Abschluss eines Vertrages mit der Führungsmacht des Ostblocks ermöglichte nun Verhandlungen mit Polen. In Polen war und ist die Erinnerung an die Grauen des Zweiten Weltkriegs und der deutschen Besetzung sehr lebendig. Doch schon im Dezember 1970 wurde der „Warschauer Vertrag“ unterzeichnet. Auch er enthielt einen Gewaltverzicht und bezeichnete die bestehenden Grenzen als unverletzlich. Willy Brandt machte als erster westdeutscher Regierungschef einen Staatsbesuch in Polen.

Berlin und die DDR

Während die Bundesrepublik mit der Sowjetunion und Polen verhandelte, bemühten sich die drei Westmächte um eine Regelung des Berlin-Problems. Nach schwierigen Verhandlungen mit der Sowjetunion kam im September 1971 ein „Viermächte-Abkommen über Berlin“ zustande: Die Sowjetunion verbürgte sich für den freien Zugang nach Berlin und anerkannte die besonderen Beziehungen zwischen West-Berlin und der Bundesrepublik. Dafür erhielt sie die Zusage der Westmächte, dass West-Berlin auch in Zukunft kein Bundesland der Bundesrepublik sein werde. Im Juni 1973 trat dann der „Vertrag über die Grundlagen der Beziehungen zwischen der Bundesrepublik Deutschland und der Deutschen Demokratischen Republik“ in Kraft. In diesem „Grundlagenvertrag“ erkannte die Bundesrepublik die DDR als gleichberechtigten Staat an. Gleichzeitig beharrte sie aber auf ihrem Standpunkt, dass zwischen den beiden deutschen Staaten „besondere Beziehungen“ bestanden und dass sie füreinander kein Ausland waren. Dies führte dann dazu, dass in Bonn und Ost-Berlin keine Botschaften, sondern „Ständige Vertretungen“ der DDR bzw. der Bundesrepublik errichtet wurden. Die Anerkennung der DDR als Staat hatte u. a. zur Folge, dass im September 1973 die beiden deutschen Staaten als 133. und 134. Mitglied in die UNO aufgenommen wurden.

M2 Das deutsche Wetterhäuschen
(Karikatur, 1984)
Links hinter dem Wetterhäuschen Leonid Breschnew, der mächtigste Mann der Sowjetunion; rechts Ronald Reagan, der Präsident der USA.

Zwei Staaten, eine deutsche Nation

Die Politik der Annäherung änderte in der Bundesrepublik nichts an der Auffassung, dass in der Bundesrepublik Deutschland nur ein Teil des deutschen Volkes, der deutschen Nation, lebte. Alle Deutschen, auch die Deutschen in der DDR, sollten in freien Wahlen über die endgültige Gestalt Deutschlands entscheiden. Bis dahin mochte es zwar zwei deutsche Staaten, aber es konnte nur eine deutsche Nation geben. In der DDR dachte man zunächst nicht anders. Die Verfassung der DDR von 1949 sprach noch von ganz Deutschland, denn im Artikel 1 hieß es: „Deutschland ist eine unteilbare, demokratische Republik.“ 1968 wurde diese Verfassung geändert. Der Artikel 1 legte nun fest: „Die DDR ist ein sozialistischer Staat deutscher Nation.“ 6 Jahre später wurde dieser Artikel erneut geändert in: „Die DDR ist ein sozialistischer Staat der Arbeiter und Bauern.“

M3 Willy Brandt – der Kanzler der neuen Ost- und Deutschlandpolitik

Willy Brandt wurde 1913 in Lübeck geboren und trat schon als Jugendlicher in die SPD ein. Nach Hitlers Machtergreifung musste er Deutschland verlassen und lebte bis zum Kriegsende 1945 vor allem in Norwegen. Seine politische Karriere begann in West-Berlin, wo er Präsident des Abgeordnetenhauses und Regierender Bürgermeister (1957–1966) war. 1964 wurde er Bundesvorsitzender der SPD, 1966 deutscher Außenminister und 1969 der erste sozialdemokratische Bundeskanzler der Bundesrepublik. Für seine Politik der Versöhnung gegenüber dem Osten erhielt Willy Brandt 1971 den Friedensnobelpreis. 3 Jahre später trat er als Bundeskanzler zurück, da einer seiner engsten Berater als Spion der DDR enttarnt wurde. Auf Grund seines hohen Ansehens war Willy Brandt aber bis zu seinem Tod 1992 noch international tätig.

M4 Aus dem Moskauer Vertrag vom 12. August 1970

Art. 2. Die Bundesrepublik Deutschland und die UdSSR werden ihre Streitfragen ausschließlich mit friedlichen Mitteln lösen und übernehmen die Verpflichtung, sich der Drohung mit Gewalt und der Anwendung von Gewalt zu enthalten.
Art. 3. Sie stimmen in der Erkenntnis überein, dass der Friede in Europa nur erhalten werden kann, wenn niemand die gegenwärtigen Grenzen antastet.
Sie betrachten heute und künftig die Grenzen aller Staaten Europas als unverletzlich, wie sie am Tage der Unterzeichnung dieses Vertrages verlaufen, einschließlich der Oder-Neiße-Linie, die die Westgrenze der Volksrepublik Polen bildet, und der Grenze zwischen der Bundesrepublik Deutschland und der Deutschen Demokratischen Republik.

Heinrich Bodensieck: Die Deutsche Frage seit dem Zweiten Weltkrieg. Stuttgart 1985, S. 97 f.

M5 Aus dem Grundlagenvertrag vom 21. Dezember 1972

Die Hohen vertragsschließenden Seiten, ausgehend von den historischen Gegebenheiten und unbeschadet der unterschiedlichen Auffassungen zu grundsätzlichen Fragen, darunter zur nationalen Frage, geleitet von dem Wunsch, zum Wohle der Menschen in den beiden deutschen Staaten die Voraussetzungen für die Zusammenarbeit zu schaffen, sind wie folgt übereingekommen:
Art. 1. Die Bundesrepublik Deutschland und die Deutsche Demokratische Republik entwickeln normale gutnachbarliche Beziehungen zueinander auf der Grundlage der Gleichberechtigung.
Art. 4. Die Bundesrepublik Deutschland und die Deutsche Demokratische Republik gehen davon aus, dass keiner der beiden Staaten den anderen international vertreten oder in seinem Namen handeln kann.
Art. 6. Sie gehen von dem Grundsatz aus, dass die Hoheitsgewalt jedes der beiden Staaten sich auf sein Staatsgebiet beschränkt. Sie respektieren die Unabhängigkeit und Selbständigkeit jedes der beiden Staaten in seinen inneren und äußeren Angelegenheiten.

Nach: Ingo von Münch (Hrsg.): Dokumente des geteilten Deutschland. Bd. 2, Stuttgart 1974, S. 301 ff.

M6 Innenpolitischer Streit um die Ostverträge

Die meisten Abgeordneten der CDU/ CSU enthielten sich bei den Abstimmungen im Bundestag der Stimme, einige stimmten dagegen. Das Land Bayern erhob

Klage beim Bundesverfassungsgericht, da die bayerische Regierung die Auffassung vertrat, dass der Grundlagenvertrag nicht mit dem Grundgesetz vereinbar sei.

Das höchste Gericht der Bundesrepublik betonte in seinem Urteil die Verpflichtung für jedes Verfassungsorgan, auf die „Wiederherstellung der staatlichen Einheit" hinzuwirken. Die Klage Bayerns wies das Gericht jedoch ab, da es Sache der Bundesregierung sei, „mit welchen politischen Mitteln sie das Ziel der Wiedervereinigung zu erreichen oder ihm wenigstens näher zu kommen versucht".

Die von den Oppositionsparteien CDU/CSU regierten Bundesländer erklärten in einer gemeinsamen Stellungnahme:

Durch den Moskauer Vertrag (wird) die Wiedervereinigung in Freiheit auf dem Wege der Selbstbestimmung des deutschen Volkes gefährdet, die Staatlichkeit der DDR bestätigt und die Demarkationslinie als Grenze anerkannt. – Es ist zu befürchten, dass die Verträge eine endgültige Anerkennung der Oder-Neisse-Linie als polnische Westgrenze enthalten.

Heinrich Bodensieck: Deutschland-Politik der Bundesrepublik Deutschland. Stuttgart 1981, S. 114 f.

M 7 Ein 19jähriges Mädchen aus Dresden (DDR) meint:

„Die deutsche Einheit? Darüber diskutieren die Jugendlichen hier kaum. Die Teilung wird als Tatsache hingenommen. Zu einem Gesprächsthema wird „Deutschland" erst, wenn man „Bundis" – so bezeichnen wir die Westdeutschen – trifft. Das geschieht vor allem im Ausland, wo wir hinkönnen. Also in Polen, in Ungarn, in der Tschechoslowakei, in Rumänien oder in Bulgarien. Zuerst haben wir dabei das Gefühl, dass es große Unterschiede gibt: Die Bundis treten oft viel freier, selbstbewusster, aber auch arroganter als wir „Zonis" auf. Bei näherem Kennenlernen entsteht dann doch ein Gefühl der Verbundenheit, wir entdecken viele Gemeinsamkeiten. Die gemeinsame Sprache spielt dabei eine große Rolle. Das ist fast eine Art Solidaritätsgefühl. Bei Fußballspielen, beim Sport überhaupt, sind wir natürlich für „Deutschland" – wenn die DDR nicht beteiligt ist. Eine Art deutsches Nationalgefühl stellt sich auch bei Reisen in die ehemaligen deutschen Gebiete ein: Das war alles mal deutsch! Deutschland muss ein riesiges, mächtiges Land gewesen sein.

Interview des Autors, 1988

Ostverträge

Im Rahmen einer Entspannung zwischen den USA und der UdSSR schloss die Bundesrepublik im Jahr 1970 Verträge mit der Sowjetunion und mit Polen. Diese Verträge verpflichteten die Partner vor allem zum Gewaltverzicht und erklärten die bestehenden Grenzen für unverletzlich, einschließlich der Oder-Neiße-Linie und der Grenze zwischen der Bundesrepublik und der DDR.

Die Ostverträge ermöglichten zwei Jahre später den Grundlagenvertrag zwischen der Bundesrepublik und der DDR.

Grundlagenvertrag

So heißt der 1972 geschlossene Vertrag zwischen der Bundesrepublik und der DDR. Seine Ziele waren: gutnachbarliche Beziehungen, Gleichberechtigung, Beachtung der beiderseitigen Unabhängigkeit und Selbständigkeit, Unverletzlichkeit des jeweiligen Staatsgebietes. In den beiden Hauptstädten Bonn und Ost-Berlin wurden „Ständige Vertretungen" errichtet. Der Vertrag führte zu Erleichterungen im Reiseverkehr, allerdings vor allem von West nach Ost, kaum von Ost nach West

Fragen und Anregungen

1. Stellen Sie die Bestimmungen der 1970-1972 geschlossenen Verträge zusammen. Inwiefern bedeuteten sie eine Abkehr von der bisherigen Politik? (VT, M1, M4 und M5)
2. Erläutern Sie die Motive der neuen Ost- und Deutschlandpolitik und die Reaktionen darauf. (VT, M1, M3 und M6)
3. Erläutern Sie die Aussagen der Karikatur M2 und des Interviews M7 zum Verhältnis zwischen der Bundesrepublik und der DDR.

5. Bewährung in neuen Herausforderungen?

seit 1964	Die Bundesrepublik wird ein Einwanderungsland.
1968–1983	In der Bundesrepublik häufen sich die Demonstrationen für mehr Demokratie, für den Schutz der Umwelt und für den Frieden.
1974–1977	In der Bundesrepublik kommt es wiederholt zu terroristischen Gewalttaten.
seit 1973	Arbeitslosigkeit und eine „neue Armut" nehmen zu.

M 1 „Wir suchen die Ursache für den Jugendprotest"
(Karikatur von Horst Haitzinger)

1981

Das unruhige Jahr 1968

Bei den Bundestagswahlen 1965 bekamen CDU/CSU 47,6 % der Stimmen, die SPD 39,3 % und die FDP 9,5 %. Als 1966 eine Regierung der Großen Koalition gebildet wurde, stand im Bundestag den übermächtigen Regierungsparteien CDU/CSU und SPD nur eine kleine FDP-Opposition gegenüber. Dies begünstigte die Bildung einer „Außerparlamentarischen Opposition" (APO), die mit Versammlungen, mit Demonstrationen und mit Flugblättern die Politik der Großen Koalition bekämpfte. An ihr hatten studentische Gruppen einen großen Anteil. An den westdeutschen Universitäten wandten sich Gruppen von Studenten gegen veraltete Formen und Inhalte des Unterrichts und forderten eine offene Auseinandersetzung mit der Nazi-Vergangenheit Deutschlands. Aus Aktionen innerhalb der Universität wurden Demonstrationen auf den Straßen. Die Studenten forderten bessere Ausbildungsmöglichkeiten für alle („Bildung als Bürgerrecht"), sie klagten die soziale Ungerechtigkeit und die autoritäre Erziehung an und traten für die freie Entfaltung des Einzelnen und mehr Demokratie in der Gesellschaft ein. Und man engagierte sich auch in den politischen Fragen der Gegenwart, so z. B. gegen den immer grausamer werdenden Krieg in Vietnam. Immer wieder kam es zu gewalttätigen Handlungen auf der Seite der Demonstranten, aber auch bei der Polizei.

M 2 Unbehagen und Unruhe bei den Studenten 1968
Bei einer Protestaktion an der Universität Hamburg fordern Studenten neue Formen und neue Inhalte des Unterrichts.

1969 führten die Bundestagswahlen zu einem Machtwechsel in Bonn. Eine sozialliberale Regierung (SPD/FDP) löste die Große Koalition ab. Vor allem der SPD gelang es, Vertreter und Anhänger der APO an der politischen Arbeit zu beteiligen. Doch es gab einige Randgruppen, die sich radikalisierten. Sie zündeten zunächst Kaufhäuser an und überfielen Banken. Mitglieder der linksradikalen „Rote Armee Fraktion“ (RAF) verübten Bombenanschläge auf Gerichtsgebäude und militärische Einrichtungen, entführten oder ermordeten Politiker, Richter und führende Vertreter der Wirtschaft. Mit diesen Terroraktionen wollten sie nach dem Vorbild z. B. linksradikaler südamerikanischer Revolutionäre auch in der Bundesrepublik den Staat herausfordern und die Bevölkerung zur Revolution aufrütteln. Die RAF sah in der Bundesrepublik den europäischen Gehilfen des „US-Imperialismus“. Bundestag und Bundesregierung reagierten mit entschiedener Härte. Verschärfte Sicherheitsgesetze und eine systematische Fahndung ermöglichten der Polizei die Festnahme der meisten Terroristen. Sie wurden zu langjährigen oder lebenslänglichen Freiheitsstrafen verurteilt. Es kam zwar weiterhin zu einzelnen Gewalttaten, aber zu einer ernsthaften Gefährdung des Staates durch den Terrorismus kam es nicht.

Terroristen fordern den Staat heraus

Der rasche und umfassende industrielle Wiederaufbau in der Bundesrepublik hatte auch nachteilige Folgen. Im Jahr 1990 bestätigte der Umweltbericht der Bundesregierung, dass der Boden, das Wasser und die Luft in der Bundesrepublik sehr starken Belastungen ausgesetzt sind. Vier Beispiele aus dem Bericht:

Die Umwelt wird belastet

- Jeder Bürger „erzeugte“ jährlich etwa 365 kg Abfall; die Gesamtmenge des Hausmülls und ähnlicher Abfälle von Gewerbebetrieben betrug 30 Millionen Tonnen jedes Jahr. Damit könnte man eine Million Eisenbahnwaggons füllen; dieser Zug würde von Berlin bis ins Innere Afrikas reichen.
- Der Landverbrauch für den Bau von Häusern, Straßen, Industrieanlagen nahm stetig zu: Von 1984 bis 1989 waren es jährlich etwa 300 km². Das entspricht für jedes Jahr der Gesamtfläche der Stadt Bremen.
- Täglich mussten 22,5 Millionen Kubikmeter Abwasser beseitigt bzw. behandelt werden, 1963 waren es 13,3 Millionen gewesen.
- Von 1957 bis 1989 verdoppelte sich der Energieverbrauch in der Bundesrepublik. Zu 87 % war daran die Verbrennung von Holz, Kohle, Öl und Gas beteiligt. Dabei wurden nun jährlich 12 Tonnen Kohlendioxyd (CO_2) pro Einwohner in die Luft abgegeben. Sie fördern erheblich den „Treibhauseffekt“: Die Erde gibt weniger Wärme in den Weltraum ab, es kann zu Veränderungen im Klima kommen. Weltweit lag die jährliche Abgabe von CO_2 bei 4 Tonnen pro Einwohner.

M3 „Ich jedenfalls verleih' nie wieder etwas!“ (Karikatur, 1988)
Seit der zweiten Hälfte der 1960er Jahre sah sich die Bundesrepublik Problemen gegenüber, von denen manche nicht allein lösbar sind. So wuchs das Bewusstsein für weltweite Bedrohungen und Verantwortung.

Bürgerinitiativen und „Grüne"

Das Bewusstsein, dass die wachsenden Belastungen der Umwelt das Leben der jetzigen und der späteren Generationen gefährden, machte sich in den 70er Jahren und nachher besonders bei jungen Menschen bemerkbar. „Waldsterben“ und „Umweltschutz“ wurden zu Schlagwörtern in der Diskussion. In der Verschmutzung der Umwelt und in den noch nicht gelösten Problemen der Atomenergie sah man auch eine Bedrohung für das Leben späterer Generationen. Die politischen Parteien schenkten diesem neuen Problembewusstsein zunächst wenig Beachtung. So entstanden in den Gemeinden und Städten Bürgerinitiativen, die gegen umweltverschmutzende Fabriken, gegen den Bau von Straßen und Flughäfen, von Kernkraftwerken und von atomaren Entsorgungsanlagen demonstrierten.
Das Eintreten für radikale Maßnahmen des Umweltschutzes sowie die Stellungnahme gegen das Verhalten der Parteien verhalfen diesen „Grünen“ zu Wahlerfolgen. Am Ende des Jahres 1982 waren sie in sechs Länderparlamenten vertreten: in Bremen, Baden-Württemberg, Berlin, Niedersachsen, Hessen und Hamburg. Ein Jahr später zogen sie in den Bundestag ein.
Die Aktivitäten der „Grünen“ sowie von Organisationen wie „Bund Naturschutz“, „Greenpeace“ oder „Robin Wood“ trugen viel dazu bei, das Bewusstsein für die Umweltprobleme nun in weiten Kreisen der Bevölkerung zu schärfen.

Umweltschutz in Bayern

Bereits 1970 errichtete die Landesregierung ein „Staatsministerium für Landesentwicklung und Umweltfragen“. Und 1984 wurde nach einem Landtagsbeschluss und einem Volksentscheid die Verfassung ergänzt: Der Umwelt- und Naturschutz ist nun ein Staatsziel. Das bayerische Umweltministerium verwies 1990 auf eine Reihe positiver Veränderungen: Die wilden Müllkippen waren fast völlig verschwunden, der Grad des Anschlusses an kommunale Kläranlagen war seit 1970 von 57 % auf 84 % gestiegen, der Anteil unbelasteter oder gering belasteter Gewässer von 20 % auf 60 %. Gut die Hälfte der Gesamtfläche Bayerns unterstand nun dem Naturschutz und der Landschaftspflege (1970: etwa ein Viertel).

Demonstrationen auch für den Frieden

Zu einer weiteren Zunahme der Demonstrationen führte der NATO-Doppelbeschluss. Angesichts der Bedrohung Westeuropas durch moderne sowjetische Mittelstreckenraketen fassten die Außen- und Verteidigungsminister der NATO im Dezember 1979 einen doppelten Beschluss: Verhandlungen mit der Sowjetunion über einen beiderseitigen Verzicht auf landgestützte Mittelstreckenraketen und – falls es keine Vereinbarung geben sollte – „Nachrüstung“ durch die Aufstellung amerikanischer Mittelstrecken-Flugkörper ab Ende 1983 in Westeuropa. Ein großer Teil dieser Waffen sollte dann in der Bundesrepublik stationiert werden. Aus dem Protest gegen die Entscheidung der NATO für die Nachrüstung entstand eine Friedensbewegung. Mit dem Ziel „Frieden schaffen ohne Waffen“ bildeten sich in der Bundesrepublik und auch in der DDR verschiedene Friedensgruppen. Viele dieser Friedensgruppen waren christlich geprägt; in Anlehnung an die Bibel forderten sie: „Schwerter zu Pflugscharen!“ Zum Höhepunkt der Friedensbewegung in der Bundesrepublik wurde eine „Aktionswoche“ Ende Oktober 1983. Von Stuttgart bis Ulm bildeten 150 000 Demonstranten eine 108 km lange Menschenkette, in Bonn demonstrierten etwa eine Million Menschen.
Schon im Jahr 1973 hatte sich die wirtschaftliche Lage

M 4 Menschenkette für den Frieden 1983

grundlegend geändert. Während eines Krieges zwischen Israel und Ägypten/Syrien griffen 10 arabische Länder zur „Erdölwaffe“: Sie stellten die für die westlichen Industriestaaten so wichtigen Öllieferungen ein bzw. drosselten erheblich die Produktion. Auch in der Bundesrepublik kam es zu Energieknappheit und zu einer bis dahin unvorstellbaren Steigerung des Ölpreises. Die Bundesregierung verfügte sogar einen autofreien Sonntag, an dem die Benützung motorisierter Fahrzeuge untersagt war. Weitere Folgen dieses „Ölschocks“ waren steigende Lebenshaltungskosten und die Verteuerung wichtiger Exportgüter. Die zu einem großen Teil auf den Export angewiesene Wirtschaft der Bundesrepublik wurde empfindlich getroffen. Dies zeigte sich bald an der Zahl der Arbeitslosen: Im Laufe des Jahres stieg sie von 270 000 auf über eine Million an. 1980 waren es schon 2 Millionen (9,3 % der Erwerbstätigen).

Arbeitslosigkeit und „neue Armut“

Die Arbeitslosigkeit ist seither eines der großen Probleme der deutschen Innenpolitik. Nach Jahrzehnten steigenden Wohlstands entstand wie in anderen Industrieländern auch in der Bundesrepublik eine „neue Armut“. Bereits 1988 verfügten 5,2 Millionen Menschen mit monatlich 1 039,50 DM (= 524,50 €) über weniger als die Hälfte des durchschnittlichen Monatseinkommens in der Bundesrepublik Deutschland. Solche Menschen gelten als arm und sind auf die sozialen Hilfen des Staates angewiesen.

„Gastarbeiter“ treffen ein

Im Jahre 1964 kam der millionste „Gastarbeiter“ – so nannte man damals die ausländischen Arbeitnehmer – in die Bundesrepublik. Er wurde feierlich begrüßt und erhielt ein Moped als Geschenk. Seither nahm die Zahl der Ausländer stetig zu. Die Bundesrepublik wurde zum Ziel für Menschen, die aus unterschiedlichsten Gründen ihre Heimat verließen: Sie wurden von deutschen Unternehmen als billige und fleißige Arbeitskräfte angeworben oder waren auf der Suche nach Arbeit, die es daheim nicht gab; sie kamen als Verfolgte oder auf der Flucht vor Krieg und Hungersnot. Viele kehrten nach Jahren zurück, viele blieben. Für manche Industriezweige und berufliche Tätigkeiten wurden sie unentbehrlich. Sie leisteten und leisten einen wesentlichen Beitrag zum Wohlstand in der Bundesrepublik. Alle Ausländer beanspruchen zwar Sozialhilfe, Arbeitslosen-, Kinder- und Wohngeld, viele zahlen aber andererseits Steuern und Beiträge zur Sozialversicherung – ein Gewinn für die Bundesrepublik. Trotzdem kam es zu ausländerfeindliche Reden und Handlungen. Gibt es zu viele Ausländer in der Bundesrepublik? Das kann nicht der wahre Grund sein, denn Ausländerfeindlichkeit zeigte und zeigt sich gerade auch dort, wo wenige Ausländer leben. In ihrer Angst vor Arbeitslosigkeit und in ihrem eigenen Wohlstand bedroht, machen viele Deutsche die bei uns arbeitenden oder hier Zuflucht suchenden Ausländer zu Sündenböcken für eine Entwicklung, wofür diese nicht verantwortlich sind und auch nicht sein können.

M 5 Rodrigues de Sá
Der Portugiese wird nach seiner Ankunft in Köln interviewt.

Die „68er-Bewegung“

Es war die Protestbewegung einer ganzen Generation, vor allem von Studenten: gegen die sich immer mehr ausbreitende kapitalistische Konsumgesellschaft, gegen autoritäre Verhaltensweisen in der Familie, in der Schule, an der Universität, am Arbeitsplatz. In Deutschland und in Frankreich war diese Protestbewegung der Studenten am stärksten und führte zu großen Unruhen. Zwar wurden der Staat und das kapitalistische System nicht erschüttert, aber die „68er-Bewegung“ wirkte sich nachhaltig auf die Demokratisierung der Gesellschaft aus. Die Gleichberechtigung der Frauen kam nun besser voran, die traditionellen Machtverhältnisse z. B. in Familie und Schule änderten sich – zwischen Mann und Frau, Eltern und Kindern, Lehrer und Schülern.

M 6 Eine Regierung des Aufbruchs?

Aus der Regierungserklärung von Bundeskanzler Brandt am 28. Oktober 1969:

Die Politik dieser Regierung wird im Zeichen der Kontinuität und der Erneuerung stehen. Wir wollen mehr Demokratie wagen. Mitbestimmung, Mitverantwortung in den verschiedenen Bereichen unserer Gesellschaft wird eine bewegende Kraft der kommenden Jahre sein. Diese Regierung sucht die kritische Partnerschaft. Meine Damen und Herren, in den letzten Jahren haben manche in diesem Land befürchtet, die zweite deutsche Demokratie werde den Weg der ersten gehen. Ich habe dies nie geglaubt. Ich glaube dies heute weniger denn je. – Nein: Wir stehen nicht am Ende unserer Demokratie, wir fangen erst richtig an.

Nach: Peter Pulte (Hrsg.): Regierungserklärungen 1949-1973. Berlin/New York 1973, S. 227 ff.; stark gekürzt.

M 7 Ausländer in der Bundesrepublik

7a Die Bundesrepublik wird ein Einwanderungsland

1964: 1,1 Mill. Ausländer = 1,9 % von 57,9 Mill. Einwohnern

1981: 4,6 Mill. Ausländer = 7,5 % von 61,7 Mill. Einwohnern

1992: 6,5 Mill. Ausländer = 8,2 % von 79,03 Mill. Einwohnern

Davon sind die meisten Ausländer:

1964: Italiener 29,0 %, Spanier 14,4 %, Griechen 14,3 %, Türken 6,9 %, Jugoslawen 5,3 %.

1981: Türken 33,6 %, Jugoslawen 13,8 %, Italiener 13,4 %, Griechen 6,6 %, Spanier 3,8 %.

7b Ausländer – eine Belastung?

Köln (kna). Ausländer in Deutschland stützen laut einer Studie des Bonner Instituts zur Zukunft der Arbeit (IZA) den Sozialstaat, statt ihn zu belasten. Pro Kopf zahlen Ausländer danach im Schnitt 1 840 Euro mehr Steuern und Beiträge an die öffentlichen Kassen, als sie an Transferleistungen erhalten. Durchschnittlich habe jeder Ausländer 2004 an den Staat 7 390 Euro gezahlt, im Gegenzug habe er 5 550 Euro öffentliche Leistungen erhalten. Die Deutschen zahlten mit 2 750 Euro pro Kopf und Jahr mehr in die staatlichen Kassen als Migranten. Die etwa 900 Euro Differenz ergebe sich vor allem dadurch, dass Ausländer weniger verdienten und öfter arbeitslos seien.

Nach: Augsburger Allgemeine vom 5. September 2006.

M 8 Bedrohung des Staates durch Terroristen

8a Entführung, Mord, Erpressung

10. 11. 1974: In West-Berlin wird der höchste Richter der Stadt, von Drenkmann, in seiner Wohnung ermordet.

27. 2. 1975: Der Berliner Landesvorsitzende der CDU, Peter Lorenz wird entführt. Die Täter erpressen für seine Freiheit die Entlassung von vier Terroristen.

24. 4. 1975: Deutsche Terroristen besetzen die deutsche Botschaft in Stockholm und nehmen 11 Personen als Geiseln. Die Bundesregierung lehnt die geforderte Freilassung von 26 terroristischen Häftlingen ab. Die Terroristen töten zwei Geiseln und sprengen das Gebäude. Dabei wird ein Terrorist getötet, die Geiseln werden zum Teil schwer verletzt. Die schwedische Polizei fasst die anderen fünf Täter.

7. 4. 1977: Generalbundesanwalt Siegfried Buback, sein Fahrer und ein Beamter werden in Karlsruhe in ihrem Dienstwagen auf offener Straße erschossen.

5. 9. 1977: Hans-Martin Schleyer, der Präsident der Bundesvereinigung der Deutschen Arbeitgeberverbände wird entführt, sein Fahrer und drei Bewacher werden getötet.

13. 10. 1977: Palästinenser entführen eine Lufthansa-Maschine auf dem Flug von Mallorca nach Frankfurt und zwingen sie in Mogadischu (Somalia) zur Landung. Sie fordern die Freilassung deutscher Terroristen. Der Pilot wird ermordet. Am 18. 10. stürmen Spezialeinheiten des Bundesgrenzschutzes die Maschine und befreien die Geiseln. Wenige Stunden später begehen die Anführer der RAF, Andreas Baader und Gudrun Ensslin, in der Strafanstalt Stuttgart-Stammheim Selbstmord.

M 8b Von der RAF an die Presse übermitteltes Foto
Als Lebenszeichen Schleyers schickten die Entführer Bild- und Tonaufnahmen. Die Bundesregierung lehnte die Forderungen der Entführer nach Freilassung von Häftlingen ab. 6 Wochen später, einen Tag nach Mogadischu, fand man die Leiche Hans-Martin Schleyers im Kofferraum eines abgestellten Autos.

M 9 Grundsätze „grüner Politik"

Die langjährige Bundesvorsitzende der Grünen Claudia Roth beschrieb die politischen Ziele der Grünen so:

Die Politik der Grünen wird von zwei Grundüberlegungen getragen. Die eine ist die, dass wir die Welt von unseren Kindern nur geborgt haben und dennoch mit ihr umgehen, als hätten wir noch eine zweite im Kofferraum. Unsere Art des Wirtschaftens sichert uns einerseits einen hohen materiellen Wohlstand, andererseits ist sie aber nur möglich mit einem immens hohen Einsatz an Energie und Rohstoffen und bringt riesige Abfall- und Schadstoffmengen hervor. Die notwendigen Rohstoffe kaufen wir zu niedrigen und damit ungerechten Preisen in der Dritten Welt. Die zweite die Politik der Grünen tragende Grundüberzeugung ist die, dass die notwendigen Veränderungen in unserer Gesellschaft nur herbeigeführt werden können, wenn die Menschen einen unmittelbaren Einfluss auf die Entscheidungen von Politik und Wirtschaft erhalten. Die Grünen treten deshalb dafür ein, dass im gesellschaftlichen Leben Instrumente der direkten Demokratie breite Anwendung finden sollten.

Interview des Autors

M 10 Wie Frieden schaffen?

10a *Im Jahr 1983 veröffentlichte der Journalist Franz Alt sein Buch „Frieden ist möglich. Die Politik der Bergpredigt". In wenigen Monaten wurden über 500 000 Exemplare verkauft.*

Es gibt für Feindesliebe keinen vernünftigeren Sinn als diesen: Liebe deinen Feind, er ist wie du. Feindesliebe ist nicht der Versuch, Streit und Aggression aus der Welt zu schaffen. Aber Feindesliebe ist der Versuch, zu streiten, ohne dass Blut fließt und ohne dass gedroht wird. Feindesliebe heißt, sich in die Situation und in die Sicherheitsinteressen des anderen hineinzudenken: Wozu provoziere ich den anderen, wenn ich nachrüste? Wie bringe ich ihn dazu, nicht nachzurüsten? Politiker dürfen nicht länger unter dem Druck von Militärs und Rüstungsindustrie meinen, mit immer mehr Rüstung könne man die eigene Sicherheit stärken, indem man das Risiko für den Gegner erhöht. Feindesliebe ist heute zur Logik des Überlebens geworden. Wir Deutsche müssen Helmut Kohl an diesen Teil seiner Regierungserklärung erinnern, falls er nachrüsten lässt: „Frieden schaffen mit immer weniger Waffen – das ist die Aufgabe unserer Zeit." Erinnert die Nachrüster an ihre Friedenspflicht in Versammlungen und Briefen! Nehmt Einfluss auf die öffentliche Meinung durch Leserbriefe! Geht in die politischen Parteien! Engagiert euch in der Friedensbewegung und gründet Friedensgruppen überall! Wir sind nicht machtlos.

Franz Alt: Frieden ist möglich. München 1983, S. 87 ff., gekürzt.

10b *In einer Streitschrift zu Franz Alts Buch und zur Friedensbewegung heißt es:*

Sollte es zum nächsten großen Krieg kommen, dann wird er nicht mangelnde Friedfertigkeit der Menschen in den beteiligten Völkern zu seiner Ursache haben. Und umgekehrt wird Friedfertigkeit der Menschen im Sinne einer individuellen Einstellung und Verhaltensweise von uns allen nicht die Ursache seines Ausbleibens sein. Genau in diesem Punkt liegt meines Erachtens der große Irrtum von Franz Alt und vielen Anhängern der Friedensbewegung. Deshalb können mich auch die meisten heutigen Bemühungen um eine so genannte Friedenserziehung nicht überzeugen. Da werden völlig unbewiesene Kausalzusammenhänge zwischen dem Verhalten des Menschen in der kleinen Gruppe und der Frage der Entscheidung zwischen Krieg und Frieden behauptet. Kriegsverhütung ist in unserer heutigen Weltlage eine Sache des Verstandes. Viele fahren zu einer Demonstration gegen eine Verteidigungsmaßnahme der Regierung, ohne zu wissen, um was es konkret überhaupt geht. Hauptsache, man demonstriert für den Frieden. Friedfertigkeit als Gesinnung garantiert den Frieden überhaupt noch nicht.

Manfred Hättich: Weltfrieden durch Friedfertigkeit? Eine Antwort auf Franz Alt. München 1983, S. 94 f., gekürzt.

Fragen und Anregungen

1. Begründen und kommentieren Sie das Fragezeichen in der Überschrift dieses Kapitels. (VT, M1–M10)
2. Erläutern Sie, warum die 1970er Jahre von vielen Westdeutschen auch als Jahre des Aufbruchs empfunden wurden. (VT, M2 und M6)
3. Erläutern Sie die Entstehung von Bürgerinitiativen und die Erfolge der Grünen. (VT, M1, M3 und M9)
4. Erkundigen Sie sich, inwiefern das gewachsene Bewusstsein für die Umwelt zu Veränderungen geführt hat.
5. Diskutieren Sie Motive und Ziele der Friedensbewegung und die Kritik an ihr (VT, M4, M10a, 10b).

6. DDR: Vom Leben in einem sozialistischen Staat

M 1 Mit Volldampf voraus?
Horst Haitzinger zeichnete diese Karikatur Mitte August 1989. Erich Honecker hatte den zitierten Ausspruch kurz vorher in einer Rede getan. In der DDR bereitete man sich auf den 40. Jahrestag der Staatsgründung vor. Niemand ahnte, dass der sozialistische Staat DDR nur noch wenige Wochen existieren sollte.

Politische Unterdrückung und Bespitzelung

„Die Partei, die hat immer recht ...", diese Zeile aus dem Parteitagslied der SED (Sozialistische Einheitspartei Deutschlands) von 1950 galt unverändert auch in den folgenden Jahrzehnten. Kritik an der Partei und an ihrer Herrschaft war „staatsfeindliche Hetze". Dennoch widersetzten sich immer wieder einzelne oder Gruppen dem SED-Regime. Vor allem auch im Schutz der Evangelischen Kirchen fanden Männer und Frauen zusammen, die sich in der Friedensbewegung, im Umweltschutz oder für die Rechte der Bürger engagierten. Der Staat antwortete mit Schreib- und Auftretungsverbot für kritische Schriftsteller und Künstler, mit Gefängnisstrafen, mit Ausbürgerungen. Der Staat verfügte über ein weit gefächertes Bespitzelungssystem. Dafür war das „Ministerium für Staatssicherheit" (MfS) zuständig, der „Stasi".

Anpassung und Rückzug ins Private

Die politische Unterdrückung und die Bespitzelung erzeugten einen Anpassungsdruck, der sich auch auf den Arbeitsplatz und auf die Schule erstreckte. Von den Arbeitern und Angestellten wurde die Teilnahme an Leistungswettbewerben sowie an regelmäßigen Versammlungen und Kundgebungen erwartet. Von der Schule forderte die SED die Heranbildung „sozialistischer Persönlichkeiten", die bereit waren, den Sozialismus auch mit der Waffe zu verteidigen. Besondere Bedeutung hatte deshalb das Fach „Staatsbürgerkunde". Es gab aber auch ein Fach „Wehrkunde", zu dem Waffenübungen gehörten.
Die meisten Schüler waren zunächst Mitglieder der „Jungen Pioniere" (Klassen 1–8) und dann der FDJ („Freie Deutsche Jugend", Klassen 9–12), da sich Mitgliedschaft und Mitarbeit auch auf die Noten auswirkten. Die Treue zur Partei und zum Staat war eine entscheidende Voraussetzung für den Übertritt in die „Erweiterte Oberschule" (EOS) mit dem Abitur als Abschluss und für die spätere Erlangung eines Studienplatzes an einer Universität.
Viele Jugendliche und Erwachsene versuchten, sich dem Einfluss von Partei und Staat zu entziehen, indem sie sich ins Private wie in eine Nische zurückzogen. Man traf sich mit Freunden zu einer „Fete" oder zu einem Gespräch in einer Wohnung, man machte gemeinsame Ausflüge, man widmete sich dem Gartenhäuschen, der „Datsche", irgendwo im Grünen.

M2 Schulleben im Sozialismus

2a Unterrichtsziele

Aus dem „Kampfplan" einer 11. Klasse:

2. Wir halten feste Freundschaft zur SU und den anderen Ländern der soz. Staatengemeinschaft.
   - Alle Schüler unserer Klasse bekennen sich offen zur Freundschaft mit der SU und sind Mitglieder der „Deutsch-sowjetischen Freundschaft".
3. Wir nehmen aktiv an der Gestaltung der soz. Gegenwart und Zukunft unserer Republik teil.
   - Wir schreiben keine Hausaufgaben ab und lernen mit dem Ziel, nur noch gute und sehr gute Leistungen zu erreichen.
   - Wir leisten gesellschaftlich nützliche Arbeit, um unsere Schule zu verschönern. Jeder Schüler leistet mindestens 10 Stunden.
4. Wir kämpfen um die weitere Festigung unserer FDJ-Organisation.
   - Wir sorgen dafür, dass alle Mitglieder konkrete Aufgaben erhalten und regelmäßig über deren Erfüllung berichten.

Nach: Wolfgang Lautemann, Manfred Schlenke: Geschichte in Quellen. Bd. VII, 1980, S. 314 f.

2b Fahnenappell

Der DDR-Schriftsteller Reiner Kunze veröffentlichte 1976 die Textsammlung „Die wunderbaren Jahre", in der er Ereignisse und Erlebnisse aus dem Alltag in der DDR schildert. Er wurde daraufhin aus dem Schriftstellerverband der DDR ausgeschlossen. 1977 siedelte er in die Bundesrepublik über. Sein Buch „Die wunderbaren Jahre" wurde auch verfilmt.

In den Schulen der DDR fand jeden Morgen ein Fahnenappell statt, an dem alle Schüler teilnehmen mußten.

Montagmorgen stand der Direktor der Erweiterten Oberschule in X. in Uniform neben der Fahne – in der Uniform eines Offiziers der Nationalen Volksarmee, in der er den Appell nur zu bestimmten Anlässen abnahm. „Und es geht nicht", sagte er, „daß ein Schüler die Offiziere der Nationalen Volksarmee als dumm und halbgebildet bezeichnet. Von diesen Schülern müssen wir uns trennen."

Der Leiter des Wehrkreiskommandos hatte N., Arbeitersohn und Schüler der elften Klasse, für die Offizierslaufbahn werben wollen. Ob er am Beispiel des Direktors nicht sehe, hatte der Leiter des Wehrkreiskommandos gesagt, wie allseitig gebildet Offiziere seien. N. hatte geantwortet, er habe eher den Eindruck, der Direktor sei „einseitig gebildet": Seine Erziehungsmethoden bewirkten, daß in der Schule nur noch gelernt und kaum mehr gedacht werde.

Die Fahne war noch nicht wieder eingeholt – das Einholen fand am Sonnabend statt –, als der Schüler N. gegen elf Stimmen und bei einer Enthaltung aus der Freien Deutschen Jugend ausgeschlossen wurde.

Vorher hatte eine Elternbeiratssitzung stattgefunden, nach der Eltern ihre Tochter aus dem Bett geholt hatten. „Daß du ja nicht für den stimmst! Daß du ja nichts zugunsten von dem sagst!" Der Elternbeiratssitzung waren Klassenversammlungen gefolgt. „Wer für N. stimmt, entfernt sich vom Standpunkt der Arbeiterklasse." Schließlich hatte jeder der Schüler, die als Diskussionsredner ausgewählt worden waren, eines der schwarzen Steinchen zugeteilt bekommen, aus denen das schwarze Bild zusammengesetzt werden sollte: Überheblichkeit ... Thesen zur Verunsicherung der Mitschüler ... Radikale Ansichten. Dabei hatte eine Schülerin enttäuscht, indem sie gefragt hatte, wieso dann N. würdig gewesen wäre, Berufsoffizier zu werden.

(Drei Tage später) wurde N. vom Unterricht beurlaubt. Seines nächsten Freundes nahm sich der Klassenlehrer an. „Wenn Sie den von unserer Seite abgebrochenen Kontakt zu N. aufrechterhalten sollten, können wir ganz leicht den Kontakt zu Ihnen abbrechen."

In Berlin wurde dem Antrag der Schule auf Relegierung des Schülers N. stattgegeben.

„Ich teile Ihnen hierdurch mit, daß Ihr Sohn von allen Erweiterten Oberschulen der Deutschen Demokratischen Republik ausgeschlossen wurde. Die Gründe und Ursachen sind Ihnen bekannt. Wir hoffen, daß diese Maßnahme dazu führt, daß Ihr Sohn zur Einsicht kommt im Hinblick auf sein Verhalten gegenüber den Anforderungen, die an einen jungen Staatsbürger der Deutschen Demokratischen Republik gestellt werden müssen."

Reiner Kunze: Die wunderbaren Jahre. Frankfurt/Main 1976, S. 60–63.

2c Beweggründe

Eine Bekannte erzählte Reiner Kunze, dass sich in der Stadt E. ein Schüler erhängt habe:

Am nächsten Morgen hatten Jungen verschiedener Klassen schwarze Armbinden getragen, aber die Schulleitung habe durchblicken lassen, daß die Armbinden als Ausdruck oppositioneller Haltung gewertet würden. Der Schüler sei Mitglied der Jungen Gemeinde gewesen und habe einen Zettel mit durchgekreuztem Totenkopf und der Aufschrift „Jesus Christus" hinterlassen. Als erste hatten die Abiturienten die Armbinden abgelegt, weil sie kurz vor den Prüfungen stehen. Einigen Schülern, die nicht in die Klasse des Toten gehen, sei es vom Lehrer erlaubt worden, an der Beerdigung teilzunehmen, aber auf Anord-

M3 Ausbürgerung
Der Liedermacher Wolf Biermann verstand sich als sozialistischer Schriftsteller und Sänger, beklagte aber auch den Mangel an demokratischen Rechten in der sozialistischen Wirklichkeit. Als ihn die DDR-Regierung während einer Tournee durch die Bundesrepublik ausbürgerte, kam es zu vielen Protesten in West und in Ost. Die Rocksängerin Nina Hagen, damals ein Schlagerstar in der DDR, ging aus Protest in den Westen.

nung des Direktors habe der Lehrer die Erlaubnis rückgangig machen müssen. Dem Pfarrer sei es nicht gelungen, den Direktor umzustimmen. Die Parteimitglieder habe man angewiesen, Gespräche über den Toten zu unterbinden. Am Tag der Beerdigung sei für die Zeit des Unterrichts ein Schülerwachdienst eingeführt worden, und die Schultür sei abgeschlossen gewesen.

Reiner Kunze: Die wunderbaren Jahre. Frankfurt/Main 1976, S. 60–63.

M4 Bespitzelung

Es gab auch Bürger, die anders dachten als die Partei und dies in der Öffentlichkeit zu sagen wagten:
(Es) setzten massive Überwachungsmaßnahmen ein, u.a. durch einen Armee- und Polizei-LKW vor dem Haus mit der Wohnung der Familie Nitschke, von dem aus jeder Besucher des Hauses beobachtet und zum Teil auch fotografiert wurde, sowie durch Verfolgung von Dr. Nitschke und seiner Frau mit einem PKW, sobald sie das Haus verließen. Gleichzeitig wurde der Telefonanschluss gesperrt, eingehende Post vollständig, abgehende teilweise beschlagnahmt.

Nach: Süddeutsche Zeitung vom 3./4. November 1990.

M5 Als Sozialist leben?

Unterlaufen wird das Problem der sozialistischen Lebensweise aber vor allem vom privaten Leben im engeren Sinne: also von jenen Enklaven des Lebens jenseits der unmittelbaren Zwänge des Arbeitsprozesses und des politischen Betriebs, in denen sich der einzelne nicht (über den) Beruf oder (als) Staatsbürger, sondern über individuelle Biographie und unmittelbare Interessen, als Mann oder Frau, Erwachsener oder Jugendlicher, Tanz- oder Fußballfan, Familienvater oder was immer versteht. Die DDR-Führung hat diesen Bereich kaum irgendwie ihrem Konzept einer sozialistischen Lebensweise vermitteln können. Im Gegenteil, sie muss generell registrieren, dass sich das Interesse der Menschen dem verbliebenen Privatbereich zuwendet. Prägnant für diese Tendenz ist das Verhalten der mecklenburgischen Bauern, die ihre Energie nach der Kollektivierung der Landwirtschaft auf die Modernisierung und Ausstattung ihrer Wohnungen und Wohnhäuser richteten, auf die Wirtschaftsgebäude jedoch, die jetzt der Genossenschaft gehörten, keine Sorge mehr verwendeten. Sie wird bestätigt durch die Klagen über die offenbar zunehmende Neigung, vom endlich erreichten Wohlstand individuell Gebrauch zu machen, ohne sich viel um das große Ganze zu scheren. Sie sind vor allem in letzter Zeit dringender geworden. Der Drang der DDR-Bewohner zum eigenen Wochenendhaus, dem trotz staatlichen Bauverbots die Uferflächen der Seen zum Opfer fallen, ist auch in der westdeutschen Berichterstattung registriert worden. Tatsächlich ist in den letzten Jahren offenbar der Vorrang der, wie ein Magdeburger Erzieher formuliert, „materiellen Dinge, Auto, Eigenheim, Motorboot und dergleichen" zu einem ernstzunehmenden Problem geworden.

Hermann Rudolph: Die Gesellschaft der DDR – eine deutsche Möglichkeit? München 1972, S. 92 f.

M6 Die sozialistische DDR ist auch ein deutscher Staat!

Günter Gaus war von 1974 bis Anfang 1981 der erste „Leiter der ständigen Vertretung der Bundsrepublik Deutschland bei der Deutschen Demokratischen Republik" (Ost-Berlin). An einem seiner letzten Amtstage führte er mit der Hamburger Wochenzeitung DIE ZEIT ein langes Gespräch. Daraus ein Auszug:

GAUS: Ich antworte auf Ihre Frage: Ist dies (die DDR) westliches Glacis des Ostblocks oder ist dies ein deutsches Land? Es ist natürlich beides, aber das heißt eben auch – und das wird bei uns oft vergessen – ein deutsches Land. In mancher Hinsicht wirkt es auf mich – wenn man das steigern könnte – „deutscher" als die Bundesrepublik.

ZEIT: Könnten Sie dies konkretisieren?

GAUS: Lassen Sie es mich in vier Punkten tun. Erstens: Nach meinem Eindruck hat das geringere Tempo der Industrialisierung bestimmte Werte und – in Form von Ressentiments, wie sie gelegentlich gegenüber anderen Völkern laut werden können – auch Unwerte aus den letzten hundert Jahren deutscher Geschichte hier länger bewahrt als bei uns. Es ist weniger eingeschmolzen, weniger nivelliert worden.

Zweitens: Es gibt hier eine sehr bewusste Hinwendung zur Geschichte. Man sucht sich natürlich sorgfältig aus, was einem ins Geschichtsbild hineinpasst. In Wahrheit geschieht das freilich überall bei der Adaption von Geschichte; wir machen das auch; auch wir suchen uns – sofern wir es überhaupt tun – unser Erbe so wie es uns passt. Aber diese hier viel bewusstere Hinwendung zur Geschichte führt dann dazu, dass bestimmte Figuren, bestimmte Epochen stärker ins Bewusstsein gehoben werden als bei uns.

ZEIT: Wo noch ist die DDR „deutscher" als wir?

GAUS: Der dritte Punkt ist – das gehört auch zu dieser Adaption des kulturellen Erbes, bei der wir sehr nachlässig sind und die DDR sehr zielbewusst – die Ungeniertheit, mit der in diesem deutschen Staat Volkskunde, Volkslieder – in hoher Vollendung ebenso wie in ganz simpler, banaler Vereinsmeierei – gepflegt werden, während doch bei uns die Generation der Fünfzigjährigen den Umweg über die amerikanische Folklore nehmen musste, bevor sie ihre Scheu vor deutschen Volksliedern überwand, die ihr die Nazis beigebracht hatten.

Das vierte ist: Die Menschen hier, die sich einrichten müssen, die es auch verstehen, sich einzurichten, sind – aus Gründen, die zum Teil auf der Hand liegen und zu beklagen sind – stärker auf ihr Land verwiesen. Auch das prägt sie.

ZEIT: Ihre vier Punkte können einen zur Frage veranlassen: Ist die DDR nun „deutscher" oder nur weniger modern?

GAUS: Ich will die Diskussion an diesem Punkt abbrechen, weil ich dabei bin, einen Fehler zu machen, den ich sechseinhalb Jahre nicht gemacht habe: Ich bin dabei, mich öffentlich über die Zustände meines Gastlandes zu äußern. Das habe ich niemals getan. Damit fange ich jetzt nicht an.

Günter Gaus: Texte zur deutschen Frage. Darmstadt 1981, S. 47–49.

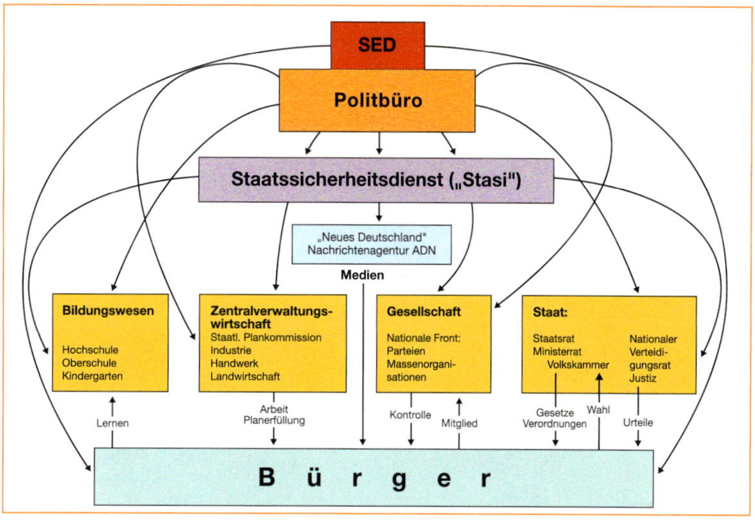

M7 Ein Staat und ein Volk im Griff der SED

Das Politbüro der SED fasste alle wesentlichen Entschlüsse. Der Staatssicherheitsdienst verfügte über 86 000 feste Mitarbeiter. Darüber hinaus arbeiteten mehr als 500 000 Spitzel für ihn, also etwa jeder 30. DDR-Bürger. Dieser Geheimdienst legte über ungefähr 6 Millionen DDR-Bürger Akten an.

Fragen und Anregungen

1. Beschreiben Sie den Einfluss der SED auf den Staat und die Gesellschaft. (M7)
2. Wie wirkte sich dieser Einfluss der SED auf Staat und Gesellschaft für den Einzelnen aus? (VT, M2a–c, M3–M5)
3. Erläutern Sie, inwiefern die Einflussnahme der SED auf Staat und Gesellschaft erfolgreich war oder nicht. (VT, M1, M2a–c und M5)
4. Kommentieren Sie die von Günter Gaus angeführten vier Punkte. (M6)

DAS ENDE DES OSTBLOCKS UND DIE DEUTSCHE EINHEIT

Die von dem Karikaturisten Horst Haitzinger gefeierte „Beerdigung des Kalten Krieges“ wurde möglich durch tief greifende Veränderungen in der Sowjetunion und bedeutete das Ende einer mit Konfrontationen belasteten Nachkriegszeit. Zu dieser Belastung gehörte die Teilung Deutschlands. Sichtbarer und mörderischer Ausdruck der Teilung waren ein im Osten quer durch Deutschland verlaufender Landstreifen mit Wachttürmen, Stacheldrahtzaun und Minenfeldern und die Mauer quer durch Berlin: meterhohe Betonwände, Wachttürme mit starken Scheinwerfern, elektronische Sicherungen. Quer durch Deutschland und quer durch Berlin wurde geschossen und starben Menschen.

Beerdigung des Kalten Krieges

Grenze DDR – West-Berlin

Im Spätsommer und im Herbst 1989 wurde es unruhig in der DDR. Der Unwillen über die Herrschaft der SED wurde zum öffentlichen Protest. Und blieb friedlich: mit Demonstrationen, Transparenten und Kerzen gegen die Gewalt des Staates. Nach 26 Jahren fiel die Mauer, Ost und West begegneten sich. Und am 3. Oktober 1990 war es so weit: Deutschland feierte die wieder gefundene Einheit.

Kerzen gegen die Gewalt des Staates

Freudenszene auf der Mauer

1. Das Ende der zweigeteilten Welt und die Auflösung des Ostblocks

1976–1987	Neue Spannungen belasten das Verhältnis zwischen Ost und West.
seit 1985	Michail Gorbatschow verändert mit Glasnost und Perestroika die Sowjetunion.
1989/1990	Umbruch im Ostblock: In Polen, Ungarn, der Tschechoslowakei, Bulgarien, Jugoslawien, Albanien, Rumänien und in der DDR finden freie Wahlen statt.

M 1 Drei Männer veränderten die Welt
Links Michail Gorbatschow, Generalsekretär der KPdSU (1985–1991) und Staatspräsident der UdSSR (1988–1991), in der Mitte und rechts die Polen Papst Johannes Paul II. (1978–2005) und Lech Walesa, Gewerkschaftsführer und Staatspräsident Polens (1990–1995), hier mit demonstrierenden Arbeitern der Lenin-Werft in Danzig.

Neue Spannungen im Ost-West-Verhältnis

Trotz immer wieder versuchter Verhandlungen und einiger Verträge (s. S. 15 ff.) kam es zu einem neuen Wettrüsten zwischen der Sowjetunion und den USA: Gegen Ende der 1970er Jahre stellte die sowjetische Führung Raketen mit atomaren Sprengköpfen in Osteuropa auf. Ihre Reichweite war groß genug, um für die Länder Westeuropas eine Bedrohung darzustellen. Als Antwort darauf beschlossen die USA und die NATO schließlich die Aufstellung ähnlicher Raketen, vor allem in der Bundesrepublik und in Großbritannien. Zur neuen Verhärtung im Ost-West-Verhältnis trug auch das militärische Eingreifen der Sowjetunion in Afghanistan bei.
Im Jahr 1979 war es in Afghanistan zu einem Bürgerkrieg gekommen. Eine neue Regierung wollte das Land modernisieren und begann mit Reformen im Sinne des Sozialismus: Neuaufteilung des Grundbesitzes, medizinische Versorgung, Schulbildung auch für Mädchen, Gleichstellung der Frau. Dagegen erhoben sich Stammesfürsten, Großgrundbesitzer und islamische Geistliche (Mullahs). Die Mullahs riefen zum „Heiligen Krieg“ gegen die „Ungläubigen“ (die Regierung) auf. Die Regierung in der Hauptstadt Kabul bat die Sowjetunion um Hilfe. Rund 100 000 sowjetische Soldaten kamen ins Land. Die USA jedoch griffen auf der Seite der Aufständischen ein und unterstützten sie mit Geld, modernen Waffen und militärischen Beratern. 10 Jahre lang dauerte dieser Afghanistan-Krieg, ohne dass eine Seite ihn klar für sich entscheiden konnte. In der Sowjetunion beurteilte der neue Generalsekretär Michail Gorbatschow die sowjetische Beteiligung als zu teuer und zu verlustreich. Die sowjetischen Truppen wurden 1989 abgezogen. Die Regierung in Kabul konnte sich noch drei Jahre halten. Dann übernahmen die Aufständischen die Macht und bekämpften sich untereinander.

In der Sowjetunion waren die Anzeichen einer tiefen Krise unübersehbar. Für das Militär wurde viel Geld ausgegeben, das dann für die Herstellung von Gegenständen des täglichen Gebrauchs fehlte. Im erneuten Wettrüsten mit den USA konnte die Sowjetunion nicht mehr Schritt halten, ihre Kräfte waren überfordert.
1985 wurde Michail Gorbatschow zum Generalsekretär der Kommunistischen Partei und drei Jahre später zum Staatspräsidenten der Sowjetunion ernannt. Er erkannte bald, dass eine Verbesserung nur durch eine Änderung im Denken und Handeln der Menschen möglich war. „Glasnost" (Offenheit) und „Perestroika" (Umbau) wurden zu den Schlagworten seiner Politik.
Im Zeichen von „Glasnost" wurde die Zensur abgeschafft. Bisher verbotene Bücher und Filme konnten nun gelesen und gesehen werden. Die Umsetzung von „Perestroika" in der Partei und in der Wirtschaft war schwieriger. In der KPdSU, die ja seit 1918 allein die Macht im Staat ausübte, fanden zum ersten Mal geheime Wahlen statt. 1989 fanden auch zum ersten Mal nach 1917 wieder freie Wahlen für das Parlament statt, dessen Rechte gestärkt wurden. Aber viele mächtige Funktionäre fürchteten um ihre Stellung. Sie bemühten sich deshalb, die Reformen zu verhindern. Andere fanden, dass es zu langsam ging. Sie traten aus der Partei aus und gründeten neue politische Gruppen. Und die wirtschaftliche Lage wurde nicht besser, obwohl man nun von der reinen sozialistischen Planwirtschaft abkam und Elemente der westlichen Marktwirtschaft übernahm. Die Leistungen in der Industrie und der Landwirtschaft sanken, die Versorgung der Bevölkerung wurde noch schlechter. Doch „Glasnost" und „Perestroika" waren nicht mehr rückgängig zu machen und führten auch außerhalb der Sowjetunion zu tief greifenden Folgen.

Glasnost und Perestroika in der Sowjetunion

Schon um 1980 kam es unter den Werftarbeitern Danzigs und dann im ganzen Land zu Streiks. Unmittelbarer Anlass war eine Erhöhung der Lebensmittelpreise, doch rasch kamen auch politische Forderungen hinzu: unabhängige Gewerkschaften, Erlaubnis von Streiks, freie Meinungsäußerung, Freilassung politischer Häftlinge. Im Jahr 1978 war der Kardinal von Krakau, Karol Wojtyla, in Rom zum Papst gewählt worden. 1983 besuchte er als Johannes Paul II. seine Heimat. Als er vor einer riesigen Menge ausrief: „Habt keine Angst!", wurde das als Aufforderung

Das Ende des Ostblocks begann in Polen

M 2 Der Zauberlehrling
(Karikatur von Horst Haitzinger, 1988)
Der Zeichner will an ein Gedicht von Goethe erinnern, in dem ein Zauberlehrling in Abwesenheit des Meisters zu zaubern beginnt. Als der Meister heimkommt, ruft ihm der Lehrling zu:
„Herr, die Not ist groß! / Die ich rief, die Geister / Werd' ich nun nicht los!"

aufgefasst, an den Forderungen festzuhalten. Und tatsächlich finanzierte nun die katholische Kirche im Geheimen Demonstrationen und Streiks. Die Regierung musste die Gründung einer unabhängigen Gewerkschaft „Solidarnośc“ (Solidarität) gestatten, deren Führer Lech Walesa sogar im Rundfunk und Fernsehen auftreten durfte. Diese Solidarnośc setzte schließlich freie Wahlen durch, aus denen sie als stärkste Partei hervorging. 1990 wurde dann der ehemalige Elektromonteur Lech Walesa zum polnischen Staatspräsidenten gewählt.
Die letzte Phase des Umschwungs in Polen war auch stark durch die Veränderungen in der Sowjetunion beeinflusst, zumal Gorbatschow klar machte, dass die sowjetische Regierung diesmal keine Soldaten schicken würde, um einer bedrohten Regierung zu helfen.

Prag: eine „sanfte Revolution“

In der Tschechoslowakei waren es vor allem Schriftsteller, Künstler und Priester, die sich gegen das kommunistische Regime stellten. Sie hatten sich durch die KSZE ermutigt gefühlt, einen Katalog von Forderungen zu veröffentlichen, die „Charta 77“. Sie forderten u. a. eine bessere Verwirklichung der Menschenrechte und der Grundfreiheiten. Sie wurden zunächst verfolgt, bekamen Berufsverbot oder mussten die Tschechoslowakei verlassen. In der Bevölkerung, die sich an die bösen Erfahrungen während des „Prager Frühlings“ 1968 erinnerte – damals hatte die Sowjetunion den Versuch, mehr Freiheit zu erhalten, mit Waffengewalt scheitern lassen –, fanden sie anfangs wenig Unterstützung. Als nun jedoch in der Sowjetunion selbst sich ein Wandel ankündigte, kam es zu Demonstrationen. Im Jahr 1989 geschah Erstaunliches: Elf Tage lang Demonstrationen und ein kurzer Generalstreik erreichten, dass die bis dahin allmächtige kommunistische Regierung auf ihre Führungsrolle verzichtete und sich von den Vertretern der Opposition ablösen ließ. Die Grenzen zum Westen wurden geöffnet. Der Staat hieß nun „Tschechische und Slowakische Föderative Republik“. Aus den ersten freien Parlamentswahlen im Juni 1990 ging in Tschechien das Bürgerforum, die treibende Kraft der „sanften Revolution“, als Sieger hervor, in der Slowakei wurde dessen Schwesterorganisation „Öffentlichkeit gegen Gewalt“ stärkste Partei.
Auch in den anderen Staaten im Osten Europas machten die Menschen nun der kommunistischen Herrschaft ein Ende. Überall wurden die Grenzen für den Westen geöffnet. Mit Ausnahme Rumäniens geschah dies friedlich, ohne Tote, ohne Blutvergießen. Und es geschah gründlich. 1991 wurde der Warschauer Pakt aufgelöst, denn es gab keinen Ostblock mehr.

M 3 „Brutal zerstört, unser Feindbild“
(Karikatur von Horst Haitzinger)

Glasnost und Perestroika

Diese beiden russischen Wörter bedeuten „Offenheit" und „Umbau". Der sowjetische Staatspräsident Michail Gorbatschow führte sie in der zweiten Hälfte der 1980er Jahre ein und kündigte damit eine totale Umkehr in der sowjetischen Innenpolitik an. „Offenheit" (Glasnost) sollte nun in der Diskussion politischer Probleme herrschen, Kritik sollte erlaubt sein, politische Gefangene wurden entlassen, Regimegegner durften auswandern. Der „Umbau" (Perestroika) sollte das wirtschaftliche System der Sowjetunion verändern: durch die Auflockerung der zentralistischen Planwirtschaft nach örtlichen Bedürfnissen und Möglichkeiten, durch Zurücknahme der Einflussnahme der Partei auf wirtschaftliche Entscheidungen, durch die Gründung privater Unternehmen und durch die Zusammenarbeit mit ausländischen Firmen.

1989 Umbruch im Ostblock

Aufgrund der inneren Entwicklung in Polen (Solidarnośc) und in der Sowjetunion (Glasnost und Perestroika) versuchten auch die anderen Staaten des Ostblocks mehr Spielraum für eine eigene Entwicklung zu finden. Der Umstand, dass die sowjetische Armee nun nicht mehr dazu da sein sollte, in anderen Ländern einzugreifen, um eine sozialistische Ordnung zu retten (wie 1953 in der DDR, 1956 in Ungarn und 1968 in der Tschechoslowakei), beschleunigte den Vorgang der Selbstbefreiung bei den Gesellschaften des Ostblocks. Polen und die Sowjetunion machten 1989 den Anfang mit freien allgemeinen Wahlen für ein Parlament, dann folgten im Laufe eines einzigen Jahres alle kommunistischen Staaten mit Ausnahme Albaniens.

M4 Amerikanische Außenpolitik

Der amerikanische Außenminister Shultz beschrieb die Politik seiner Regierung 1983:

Wir und die Sowjets haben völlig verschiedene Ziele und Vorstellungen von politischer und moralischer Ordnung; diese Unterschiede werden nicht bald verschwinden. Jeder amerikanische Präsident der Nachkriegszeit ist früher oder später zu der Einsicht gekommen, dass Frieden auf Stärke aufgebaut werden muss; Präsident Reagan hat diese Realität schon vor langer Zeit erkannt. Eine friedliche Weltordnung erfordert, dass Moskau sich in seinem Verhalten die Zurückhaltung auferlegt, die für das Zusammenleben auf diesem Planeten im Nuklearzeitalter angemessen ist. Es muss jetzt unser Ziel sein, unsere eigenen Ziele zu fördern, und dabei sowjetischen Herausforderungen, wenn es möglich ist, vorab zu begegnen, und wenn es nötig ist, ihnen entgegenzutreten, wo auch immer unsere Interessen von ihnen bedroht werden.

Nach: Ernst-Otto Czempiel und Carl-Christoph Schweitzer: Weltpolitik der USA nach 1945. Einführung und Dokumente, S. 396 ff.

M5 Gedanken mit Folgen

Michail Gorbatschow in seinem Buch „Perestroika" (1987):

Unsere Gesellschaftsform hat Vollbeschäftigung garantiert und für fundamentale soziale Sicherheit gesorgt. Gleichzeitig aber hat sie versäumt, den wachsenden Bedarf an Wohnungen und Nahrungsmitteln zu decken. Obwohl einer der größten Getreideproduzenten, muss unser Land Millionen Tonnen Futtergetreide pro Jahr importieren. Mit verblüffender Genauigkeit finden unsere Raketen den Halleyschen Kometen oder fliegen zur Venus. Aber viele sowjetische Haushaltsgeräte sind von armseliger Qualität. (...) Lobhudelei und Kriecherei wurde Vorschub geleistet, die Bedürfnisse und Meinungen der einfachen Werktätigen wurden ignoriert. (...) Wir dachten, wir hätten alles im Griff, während in Wirklichkeit eine Lage entstand, vor der schon Lenin gewarnt hatte: Das Auto fuhr gar nicht dorthin, wo der Mann am Steuer dachte, dass es fahre. (...)

Die Zeit steht nicht still. Wir müssen handeln. Die Weltlage lässt es nicht zu, dass wir auf einen günstigeren Moment warten. Wir brauchen einen konstruktiven und umfassenden Dialog, und zwar jetzt. Wir regen Kontakte zu Menschen an, die andere Weltanschauungen und andere politische Überzeugungen vertreten. (...) Wir brauchen kein „Feindbild" von Amerika, weder aus innen- noch aus außenpolitischem Interesse. Man braucht nur dann einen imaginären oder tatsächlichen Feind, wenn man die Spannung aufrechterhalten will und auf eine Konfrontation mit weitreichenden und unvorhersehbaren Konsequenzen aus ist.

Michail Gorbatschow: Perestroika. München 1989 (Übers.: Reiner Pfleiderer, Gabriele Burkhardt, Wolfram Stroele), S. 12 f., 22 ff., 284 f.

M6 Das Ende einer langen Feindschaft

Am 19. November 1990 unterzeichneten in Paris die Vertreter der Staaten der NATO und des Warschauer Paktes einen umfassenden Vertrag. In der gemeinsamen Erklärung heißt es:

Die Unterzeichnerstaaten erklären feierlich, dass sie in dem anbrechenden neuen Zeitalter europäischer Beziehungen nicht mehr Gegner sind, sondern neue Partnerschaften aufbauen und einander die Hand zur Freundschaft reichen wollen. Sie bekräftigen ihre Verpflichtung, sich der Androhung oder Anwendung von Gewalt zu enthalten, die gegen die territoriale Integrität oder die politische Unabhängigkeit irgendeines Staates gerichtet ist, sowie des Versuchs, bestehende Grenzen durch Androhung oder Anwendung von Gewalt zu ändern. Keine ihrer Waffen wird jemals eingesetzt werden, außer zur Selbstverteidigung oder in anderer Weise, die mit der Charta der Vereinten Nationen in Einklang steht. Sie verpflichten sich, nur solche militärischen Potentiale aufrechtzuerhalten, die zur Kriegsverhütung und für eine wirksame Verteidigung notwendig sind. Sie bekräftigen erneut das Recht jedes Staates, Vertragspartei eines Bündnisses zu sein oder nicht zu sein.

Nach: Chronik '90. Dortmund 1990, S. 100.

M7 Auf dem Weg zu einer neuen Ordnung

Im Anschluss an die Konferenz der Staaten der NATO und des Warschauer Paktes begann ein dreitägiger Sondergipfel der KSZE (Konferenz für Sicherheit und Zusammenarbeit in Europa) mit 32 europäischen Staaten einschließlich der Sowjetunion, der USA und Kanadas. Die „Süddeutsche Zeitung" berichtete davon am 22. 11.1990 auf der Titelseite:

KSZE-Gipfelkonferenz beendet

„Charta für neues Europa" in Paris unterzeichnet

Demokratie als einzige Regierungsform proklamiert
Bush erhält keine konkrete Zusage für neue Irak-Resolution

Paris, 21. November – **Mit der Unterzeichnung der „Pariser Charta für ein neues Europa" ging am Mittwoch in der französischen Hauptstadt die dreitägige Konferenz über Sicherheit und Zusammenarbeit in Europa (KSZE) zu Ende, an der 32 europäische Länder sowie die USA und Kanada teilgenommen haben. Die Charta setzt der Epoche des Kalten Krieges nach über 40 Jahren ein Ende und proklamiert für Ost und West als „einzige Regierungsform" die Demokratie. Präsident Bush ist es in Paris offenbar nicht gelungen, internationale Unterstützung für eine baldige UNO-Resolution zu gewinnen, die Gewaltanwendung gegen den Irak autorisieren würde.**

Von Carlos Widmann

Außer der gemeinsamen Verpflichtung zur Demokratie westlichen Zuschnitts, zur Achtung der Menschenrechte und der Grundfreiheiten enthält die Charta von Paris auch ein ausdrückliches Bekenntnis zu „wirtschaftlicher Freiheit", die – neben sozialer Gerechtigkeit und Verantwortung für die Umwelt – als „unerläßliche Voraussetzung des Wohlstands" genannt wird. Politischer Pluralismus und Marktwirtschaft würden einander bedingen. Die „beispiellose Reduzierung" der konventionellen Waffen in Europa, die mit der Unterzeichnung des in Wien ausgehandelten Abkommens durch die Staatschefs besiegelt wurde, werde das Verständnis von Sicherheit im „freien und ungeteilten Europa" verändern.

Fragen und Anregungen

1. Stellen Sie die Faktoren zusammen, die zur Auflösung des Ostblocks geführt haben. (VT, M1 und M5)
2. Erläutern Sie M2 und M3 und setzen Sie die Karikaturen in Beziehung zu den schriftlichen Quellen M4 und M5.
3. Stellen Sie die wesentlichen Punkte des Abkommens zwischen der NATO und dem Warschauer Pakt sowie der Pariser Charta zusammen. Kommentieren Sie die Tatsache, dass der Warschauer Pakt zum 1. Juli 1991 von seinen Mitgliedern als militärisches Bündnis aufgelöst wurde. (M6 und M7)
4. Im Westen wurde M. Gorbatschow hoch geachtet und 1990 mit dem Friedensnobelpreis ausgezeichnet. Warum verlor er in der Sowjetunion rasch an Zustimmung?

2. „Wir sind das Volk!“ – Revolution in der DDR

Der Herbst 1989

August/September	Tausende DDR-Bürger fliehen über Ungarn, Polen und die Tschechoslowakei in die Bundesrepublik.
10. September	In der DDR werden Bürgerrechtsbewegungen gegründet.
September/Oktober	Bis zu 200 000 Menschen nehmen an den Montags-Demonstrationen in Leipzig teil, mit Forderungen nach freien Wahlen und Demokratie.
18. Oktober	Sturz Erich Honeckers. Sein Nachfolger Egon Krenz verspricht Dialog und Reformen.
4. November	Über 500 000 Menschen protestieren in Ost-Berlin gegen den SED-Staat.
9. November	Die Berliner Mauer und andere Grenzübergänge werden geöffnet, Reisefreiheit für alle DDR-Bürger.

M 1 Berlin, 9. November 1989 nachts

„Am allerschönsten in meinem Leben war der 9. November. Wir gingen zur Friedrichstraße, weil sie im Fernsehen gesagt hatten, dass die Grenze aufgeht. Wir wollten es nicht glauben, und meine Mutter hat gesagt: ‚Wenn ihr rüberdürft – ihr geht nicht! Wer weiß, ob das nicht nur für die Ausreiser ist, und ihr dürft vielleicht nicht zurück.‘ Dann haben die Menschen dort mit den Grenzern diskutiert. Um Punkt Null Uhr kam ein Oberst und sagte: ‚Die Grenze ist offen.‘ Dann sind wir zum Zoo gefahren. Mitten in der Nacht. Aber wir waren nicht müde. Als wir da ausstiegen, das war ein Aufatmen in mir – jetzt bist du wirklich in der Welt. Dann kamen die ganzen Ostautos. Die Leute haben getanzt auf den Autodächern mit Sekt in der Hand. Das war ganz irre. Wir blieben dann bis fünf Uhr früh. Und ich ging pünktlich in die Schule. Ich werde das nie mehr vergessen“.

Ein 17-jähriger Ostberliner, in: Vera Maria Baehr: Wir denken erst seit Gorbatschow. Protokolle von Jugendlichen aus der DDR. Recklinghausen 1990, S. 34 f.

Die Wirklichkeit überholt die Phantasie

„Wir wohn'n Bornholmerstraße, im Osten. Ick wa schon inne Heia, die Alte jeht noch mit'm Hund runta, kommt ruff und sagt: Mensch, du, die jehn alle nach'n Westen! Ick nischt wie anjezogen und rüber“, so ein nur mit Mantel und Schlafanzug bekleideter Mann am 9. November 1989 in West-Berlin.
Was sich da in der Nacht des 9. November 1989 ereignete, galt noch wenige Tage vorher als absolut unmöglich. Nach 28 langen Jahren, in denen Berlin durch eine tödliche Grenze aus Mauer, Stacheldraht und Todesstreifen geteilt war, konnte man jetzt das Brandenburger Tor ungehindert von Ost nach West und von West nach Ost durchqueren. Tausende nutzten die Gelegenheit spontan noch in der Nacht, Millionen DDR-Bürger reisten am folgenden Wochenende über die offene Grenze zum ersten Besuch ihres Lebens in die Bundesrepublik.

„Wir wollen raus!“

Am 7. Mai 1989 hatten die Kommunalwahlen noch das seit 40 Jahren in der DDR übliche Ergebnis gebracht: 98,85 % für die Einheitsliste. Proteste, dass hier gefälscht worden sei, konnten noch unterdrückt werden. Anfang September öffnete Ungarn seine Grenze nach Österreich. Etwa 25 000 DDR-Bürger flohen innerhalb eines Monats in den Westen. Als dieser Weg wieder versperrt wurde, besetzten Tausende von Menschen aus der DDR die Botschaften der Bundesrepublik in Prag und in Warschau. Sie blieben dort so lange, bis die DDR-Regierung ihnen die Ausreise in

M2 Flucht aus dem Osten – Ankunft im Westen
Die Botschaft der Bundesrepublik in Prag wird zur Zuflucht für mehr als 4 000 Flüchtlinge. Viele von ihnen klettern über den hohen Zaun, der das Botschaftsgelände umgibt. Nach langen Verhandlungen dürfen die Botschaftsflüchtlinge ausreisen: In verschlossenen Sonderzügen der DDR-Reichsbahn werden sie durch die DDR in den Westen geschafft. Sie werden in Hof begeistert empfangen. Die Zugtüren öffnen sich, die Flüchtlinge sind frei.

die Bundesrepublik genehmigte. In verschlossenen Zügen wurden sie durch die DDR nach Westen gefahren. Auf den Bahnhöfen der DDR aber standen die Menschen und forderten: „Wir wollen raus!"

Die Opposition schließt sich zusammen

Gleichzeitig mit der Fluchtbewegung wagte sich nun trotz schärfster Unterdrückung die Opposition innerhalb der DDR an die Öffentlichkeit. Bürgerrechtler, die sich bisher nur im Schutz der Kirchen treffen konnten, gründeten Gruppen, wie „Neues Forum", „Demokratie Jetzt", „Demokratischer Aufbruch", aber auch die „Sozialdemokratische Partei". Immer mehr Menschen legten ihre Angst ab und schlossen sich den Demonstrationen gegen die SED-Führung an. „Wir bleiben hier!" riefen sie, weil es ihnen nicht um Ausreise, sondern um Reformen im eigenen Land ging. Bekannt wurden vor allem die Leipziger Montags-Demonstrationen, an denen von Woche zu Woche immer mehr Menschen teilnahmen.

Erich Honecker muss abtreten

Die Feiern zum 40. Jahrestag der DDR am 7. Oktober wollte der Staats- und Parteichef Erich Honecker nutzen, um vor den eingeladenen Regierungschefs der sozialistischen Staaten zu beweisen, wie sicher die Macht der SED war. Die Mahnung Michail Gorbatschows nach Reformen und die erkennbare neue Haltung der Sowjetunion, dass man militärisch nicht eingreifen werde, um der Regierung zu helfen, wurden nicht beachtet. Demonstrationen und Proteste wurden gewaltsam niedergeschlagen. Doch das brutale Vorgehen gegen die Demonstranten führte offensichtlich bei einigen Funktionären zu einem Umdenken. Als Erich Honecker befahl, nun auch die nächste Montags-Demonstration mit Gewalt zu zerschlagen, wurde dies nicht ausgeführt. Honecker selbst wurde am 18. 10. von der eigenen Partei zum Rücktritt gezwungen. Der neue Generalsekretär der SED, Egon Krenz, versprach eine politische „Wende" und versuchte, die Macht der Partei durch Zugeständnisse zu retten. Aber immer mehr Bürger demonstrierten für Demokratie und Freiheit. Schließlich erschien die Öffnung der Grenze am 9. November als einzige Möglichkeit, die angestauten Spannungen zu lösen.

„Wir sind das Volk!" oder „Wir sind ein Volk!"?

Die Einführung der langersehnten Reisefreiheit führte dann aber zu einer Verschärfung der Krise. Jetzt, im direkten Vergleich mit dem Westen, wurde den DDR-Bürgern der katastrophale Zustand der Wirtschaft und der Umwelt in ihrem Land bewusst. Die Demonstrationen hielten an, doch neben den Sprechchören „Wir sind das Volk!", die gegen die Alleinherrschaft der SED gerichtet waren, hörte man jetzt zunehmend „Wir sind ein Volk!". Das war die Forderung nach Vereinigung der beiden deutschen Staaten. Nur so hoffte man, eine schnelle Besserung der Lage erreichen zu können. Die Regierungen nahmen dies ernst; während aber Hans Modrow (SED), der neue Ministerpräsident der DDR, noch von einem Bündnis zweier selbständiger Staaten sprach, strebte Bundeskanzler Helmut Kohl schon eine bundesstaatliche Ordnung an. Alle waren aber sicher, dass es bis dahin noch viele Jahre dauern würde.

Das Ende der SED

Immer neue Enthüllungen über die Machenschaften der SED zwangen am 1. Dezember schließlich auch Generalsekretär Egon Krenz zum Rücktritt. Die bisher allmächtige Partei musste auf ihren durch die Verfassung abgesicherten Führungsanspruch verzichten und gab sich, um ihrer Auflösung zuvorzukommen, einen neuen Namen: „Partei des demokratischen Sozialismus" (PDS).

Die Rolle der Kirchen

Immer schon waren die evangelischen Kirchen in der DDR ein Sammelpunkt all der Menschen gewesen, die der allmächtigen Herrschaft der SED kritisch gegenüberstanden. Unter dem biblischen Motto „Schwerter zu Pflugscharen" bildete sich 1980 eine Friedensbewegung, die für Abrüstung und gegen die vormilitärische Erziehung an den Schulen eintrat. Gottesdienste, Gebetskreise und Kirchentage wurden zu Möglichkeiten, im Schutz der Kirche mit Gleichgesinnten zu diskutieren und Protestaktionen vorzubereiten. So waren z. B. die Montagsgebete in der Leipziger Nikolai-Kirche der Ausgangspunkt der großen Montags-Demonstrationen; an der Spitze der Oppositionsgruppen standen zum großen Teil Pfarrer. Hier liegen wohl auch die Gründe dafür, dass die Revolution in der DDR so friedlich ablaufen konnte.

M 3 Friedlich und doch sehr wirksam
Mit Mahnwachen vor den Kirchen, mit Kerzen und wiederholten Aufrufen zur Gewaltlosigkeit reagierten immer mehr Demonstranten gegen das gewalttätige Vorgehen von Polizei und Armee.

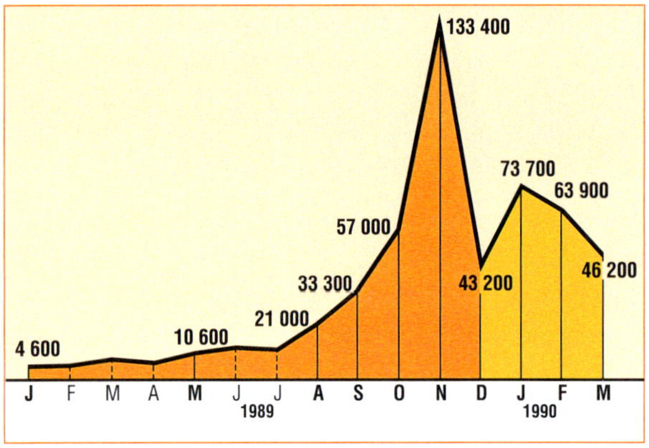

M 4 Flucht und Übersiedlung aus der DDR in die Bundesrepublik
Erläutern Sie die Graphik und die Karikatur.

M 5 Aus dem Gründungsaufruf des „Neuen Forum" vom 10. September 1989

Zu den Gründungsmitgliedern dieser (ersten landesweiten) Oppositionsgruppe gehörten u. a. die Malerin Bärbel Bohley und der Arzt Jens Reich.

In unserem Lande ist die Kommunikation zwischen Staat und Gesellschaft offensichtlich gestört. Auf der einen Seite wünschen wir uns eine Erweiterung des Warenangebots und bessere Versorgung, andererseits sehen wir deren soziale und ökologische Kosten und plädieren für die Abkehr von ungehemmtem Wachstum. Wir wollen Spielraum für wirtschaftliche Initiative, aber keine Entartung in eine Ellenbogengesellschaft. Wir wollen das Bewährte erhalten und doch Platz für Erneuerung schaffen, um sparsamer und weniger naturfeindlich zu leben. Wir wollen vor Gewalt geschützt sein und dabei nicht einen Staat von Bütteln und Spitzeln ertragen. Faulpelze und Maulhelden sollen aus ihren Druckposten vertrieben werden, aber wir wollen keine Nachteile für sozial Schwache und Wehrlose. Um all diese Widersprüche zu erkennen, Meinungen und Argumente dazu anzuhören und zu bewerten, bedarf es eines demokratischen Dialogs über die Aufgaben des Rechtsstaates, der Wirtschaft und der Kultur. Wir rufen alle Bürger und Bürgerinnen der DDR, die an der Umgestaltung unserer Gesellschaft mitwirken wollen, auf, Mitglieder des Neuen Forums zu werden. Die Zeit ist reif.

Nach: Charles Schüddekopf (Hrsg.): Wir sind das Volk. Reinbek 1990, S. 29 ff.

M 6 Aufruf am 9. Oktober 1989 zu Dialog und Gewaltfreiheit

In letzter Minute wurde am 9. 10. 89 vor Beginn der Leipziger Montagsdemonstration ein Aufruf zur Gewaltfreiheit veröffentlicht, den der Dirigent Kurt Masur, der Kabarettist Bernd-Lutz Lange, der Theologe Peter Zimmermann und die SED-Bezirkssekretäre Wötzel, Meyer und Pommert unterzeichnet hatten. Möglicherweise war dieser Aufruf der entscheidende Grund, dass ein Blutbad unter den Demonstranten verhindert wurde. Der Text lautete:

Unsere gemeinsame Sorge und Verantwortung haben uns heute zusammengeführt. Wir sind von der Entwicklung in unserer Stadt betroffen und suchen nach einer Lösung. Wir alle brauchen einen freien Meinungsaustausch über die Weiterführung des Sozialismus in unserem Land. Deshalb versprechen heute die genannten Leute allen Bürgern, ihre ganze Kraft und Autorität dafür einzusetzen, dass dieser Dialog nicht nur im Bezirk Leipzig, sondern auch mit unserer Regierung geführt wird. Wir bitten Sie dringend um Besonnenheit, damit der friedliche Dialog möglich wird.

Nach: Andreas Grünberg: Wir sind das Volk! Der Weg der DDR zur deutschen Einheit. Stuttgart 1990, S. 36.

M 7 Berlin in der Nacht vom 9./10. November
18.57 Uhr: Pressekonferenz

In einer vom DDR-Fernsehen live übertragenen Pressekonferenz verliest das Politbüromitglied Günter Schabowski den Beschluss des DDR-Ministerrats, der wenige Minuten später von der Nachrichtenagentur ADN verbreitet wird und in der ganzen Welt wie eine Bombe einschlägt:

Privatreisen in das Ausland können ohne Voraussetzungen (Reiseanlässe und Verwandtschaftsverhältnisse) beantragt werden. Die zuständigen Abteilungen Pass und Meldewesen der Volkspolizeiämter in der DDR sind angewiesen, Visa zur ständigen Ausreise unverzüglich zu erteilen. Ständige Ausreisen können über alle Grenzübergangsstellen der DDR zur BRD beziehungsweise zu Berlin (West) erfolgen.

20.00 Uhr: Gerüchte kursieren
In Ost-Berlin scheint niemand zu begreifen, was diese Mitteilung tatsächlich bedeutet. Die Grenzübergänge nach West-Berlin sind zu dieser Stunde fast so menschenleer wie sonst auch. Allmählich breiten sich jedoch Gerüchte aus, der Übergang an der Bornholmer Straße sei offen.

21.00 Uhr: Andrang an den Kontrollstellen
Das Bild hat sich völlig gewandelt. Eine unüberschaubare Menschenmenge wartet vor den Kontrollstellen in der Invalidenstraße, der Sonnenallee und der Bornholmer Straße darauf, nach Westen durchgelassen zu werden. Einige von ihnen werden abgefertigt, sofern sie Reisepapiere besitzen.

22.00: Sternfahrt zur Grenze
Wie bei einer Sternfahrt steuern Tausende von DDR-Bürgern in ihren Trabis und Wartburgs auf die Grenzübergänge zu. Der Druck wächst. Viele Ost-Berliner strecken ihre Personalausweise durch die Eisengitter den Wachtposten entgegen und verlangen den Ausreisestempel. Nur schleppend vollzieht sich die Abfertigung.

23.14 Uhr: Die Schlagbäume öffnen sich
Die Grenztruppen sind dem Ansturm nicht mehr gewachsen. Ein Hauptmann gibt den Befehl, die Schlagbäume zu öffnen. Tausende stürmen auf West-Berliner Gebiet. An den Sektorenübergängen spielen sich bewegende Szenen ab. Fremde Menschen fallen einander in die Arme und weinen. DDR-Autos fahren durch ein Spalier von jubelnden West-Berlinern. Die meisten können noch gar nicht begreifen, was sie erleben: Immer wieder sind die Rufe, ‚Es ist unfassbar', ‚Dass ich das noch erleben darf' oder schlicht berlinerisch ‚Ick gloob, ick spinne' zu hören. Auf beiden Seiten des Brandenburger Tores versammeln sich Tausende von Menschen. Unbehelligt von den Grenzpolizisten überwinden sie die Absperrungen und klettern auf die Mauerkrone. Viele haken sich unter und singen ‚So ein Tag, so wunderschön wie heute!'.

Nach: Chronik '89. Vollständiger Jahresrückblick in Wort und Bild – Die Wende in der DDR. 1989, S. 88.

M 8 Freude und Ratlosigkeit in der Nacht des 9. November 1989
Ein Westberliner will zwei Grenzsoldaten der DDR begrüßen.

M 9 9./10. November 1989 in Bonn

Ungewöhnliche Reaktion auf ein ungewöhnliches Ereignis:
Als die Sitzung des Bundestages wegen der Ereignisse in Berlin von Bundestagsvizepräsidentin Annemarie Renger (SPD) vorzeitig beendet wird, stimmen einige Abgeordnete spontan die Nationalhymne an. Alle Parlamentsmitglieder erheben sich von ihren Sitzen, und bis auf wenige Abgeordnete singen sie „Einigkeit und Recht und Freiheit". Dergleichen wird sonst vom Protokoll vorgegeben, jetzt eint die Freude über die Öffnung der Mauer alle politischen Lager. Viele Augen richten sich in diesem Moment auf Willy Brandt, der zur Zeit des Mauerbaus Regierender Bürgermeister von Berlin war, und nun, von einigen Abgeordneten umarmt, tief bewegt den Bundestag verlässt.

Nach: Chronik ' 89. Vollständiger Jahresrückblick in Wort und Bild – Die Wende in der DDR. 1989, S. 93.

Fragen und Anregungen

1. Stellen Sie die Gründe für den Ausbruch der Revolution in der DDR zusammen. (VT, M2–M4)
2. Erläutern Sie die Ziele des „Neuen Forum" im September 1989. (M5)
3. Welche Faktoren trugen zur Gewaltlosigkeit der Revolution in der DDR bei? (VT, M1, M3 und M6–M8)
4. Beschreiben und beurteilen Sie die Reaktionen der Deutschen in Ost und West auf die Ereignisse am 9./10. November 1989. (M1, M4 und M7–M9)

3. „Einigkeit und Recht und Freiheit" für ganz Deutschland

Das Jahr 1990	
10. Februar	Bundeskanzler Kohl und Außenminister Genscher verhandeln in Moskau: Gorbatschow stimmt der Vereinigung beider deutschen Staaten zu.
18. März	Die „Allianz für Deutschland" siegt bei den ersten freien Wahlen in der DDR. Lothar de Maizière (CDU-Ost) wird Ministerpräsident der DDR.
1. Juli	Die Bundesrepublik bildet mit der DDR eine Wirtschafts-, Währungs- und Sozialunion.
14. Juli	Bundeskanzler Kohl und Außenminister Genscher verhandeln nochmals in der Sowjetunion: Gorbatschow stimmt der NATO-Mitgliedschaft Gesamt-Deutschlands zu.
23. August	Die Volkskammer der DDR beschließt den Beitritt der DDR zum Geltungsbereich des Grundgesetzes zum 3. Oktober.
31. August	Der „Einigungsvertrag" zwischen der Bundesrepublik und der DDR wird unterzeichnet.
12. September	Der „Deutschlandvertrag" beschließt die 2+4-Gespräche in Moskau: Die Siegermächte des Zweiten Weltkriegs verzichten auf alle Rechte über Deutschland; Garantie der Oder-Neiße-Grenze als Westgrenze Polens.
3. Oktober	Die Einheit Deutschlands in voller Souveränität beginnt.
2. Dezember	Nach 58 Jahren finden wieder freie Wahlen für ein gesamtdeutsches Parlament statt.

M 1 3. Oktober 1990, 0.00 Uhr
Berlin, vor dem Reichstagsgebäude. Deutschland feiert. Nach über 40-jähriger Teilung ist es wieder geeint, 45 Jahre nach dem Zweiten Weltkrieg ist es wieder im Besitz der vollen Souveränität. Während die Berliner Freiheitsglocke erklingt, wird eine riesige Fahne in den Farben Schwarz-Rot-Gold hochgezogen. Mit einem Feuerwerk beginnen die Einwohner und Besucher Berlins den Tag, der von nun an in der Bundesrepublik Deutschland als „Tag der deutschen Einheit" zum nationalen Feiertag wird.

Ein Staat verliert sein Volk

Zu Beginn des Jahres 1990 übertönten bei den Demonstrationen in der DDR die Rufe „Wir sind ein Volk!“ und „Deutschland, einig Vaterland!“ immer mehr die Forderungen nach inneren Reformen. Aber auch: „Kommt die DM, bleiben wir, kommt sie nicht, geh'n wir zu ihr!“. Jeden Monat kehrten Zehntausende dem Staat DDR den Rücken und siedelten in die Bundesrepublik über. Deshalb wurde die erste freie Parlamentswahl in der DDR auf den 18. März vorverlegt.

Freie Parlamentswahl in der DDR

In dem kurzen Wahlkampf waren die Chancen ungleich verteilt. Die Parteien der Bundesrepublik, mit Ausnahme der Grünen, unterstützten massiv mit Wahlrednern und Werbematerial ihre Partner-Parteien in der DDR. Die PDS als Nachfolgepartei der SED verfügte über eine erprobte Organisation und Geld. Die im „Bündnis 90“ zusammengeschlossenen Bürgerrechtsbewegungen wie das „Neue Forum“ mussten dagegen erst parteiähnliche Organisationen aufbauen; es fehlten ihnen oft so einfache Dinge wie Schreibmaschinen, Kopiergeräte, ja sogar Papier.
Ein Parteienbündnis unter Führung der (Ost-)CDU gewann die Wahl. Die CDU hatte sich am eindeutigsten für die soziale Marktwirtschaft nach dem Modell der Bundesrepublik und für die deutsche Einheit ausgesprochen. Viele Kommentatoren sprachen von einem Sieg der „schnellen Mark“ und Bundeskanzler Kohls, der vor der Wahl eine baldige Wirtschaftsunion mit der Einführung der DM in der DDR angekündigt hatte.

Die DM kommt in die DDR

Seit dem 12. April 1990 hatte die DDR zum ersten Mal in ihrer 40-jährigen Geschichte eine frei gewählte Regierung. Die Einstellung der Bevölkerung, die in ihrer Mehrheit erkennbar den Staat DDR ablehnte, wies der neuen Regierung unter Lothar de Maizière (CDU) als Ministerpräsidenten vor allem eine Aufgabe zu: Verhandlungen mit der Bundesregierung über eine Vereinigung der beiden deutschen Staaten und damit die Auflösung der DDR. Als erster großer Schritt trat am 1. Juli die „Wirtschafts-, Währungs- und Sozialunion“ in Kraft. Die Bundesrepublik und die DDR bildeten nun ein einheitliches Wirtschaftsgebiet; auch in der DDR sollte das wirtschaftliche Leben nach den Gesetzen der sozialen Marktwirtschaft organisiert werden. Gleichzeitig wurde die DM in der DDR eingeführt. Löhne, Mieten, Renten und kleinere Sparguthaben wurden im Verhältnis 1:1 auf die neue Währung umgestellt, Guthaben über 4000 Mark und z. B. die Schulden von Betrieben im Verhältnis 1:2 umgerechnet. Für die Menschen der DDR begann damit eine schwierige Zeit der Anpassung an höhere Preise und Ausgaben bei zunächst niedrigen Löhnen.

M 2 „Die Fahne der Revolution“
(DDR-Karikatur, 1990)

Der Beitritt der DDR zur Bundesrepublik

Bereits Anfang Juli begannen die Verhandlungen über einen zweiten Staatsvertrag. An der Ausarbeitung dieses „Einigungsvertrags“ waren nun auch Vertreter der Bundesländer beteiligt. In der Nacht des 23. August beschloss die Volkskammer, das Parlament der DDR, mit großer Mehrheit, dass die DDR am 3. Oktober dem „Geltungsbereich des Grundgesetzes der Bundesrepublik Deutschland“ und damit der Bundesrepublik beitreten werde Eine Woche später wurde in Ost-Berlin der Einigungsvertrag unterzeichnet. Er regelte die Übernahme der Gesetze der Bundesrepublik für das Gebiet der DDR und wollte im Laufe einiger Jahre einheitliche Lebensverhältnisse in ganz Deutschland schaffen.

Deutschland und die Siegermächte des Zweiten Weltkriegs

Die Vereinigung der beiden deutschen Staaten setzte das Einverständnis der USA, der Sowjetunion, Großbritanniens und Frankreichs voraus. Im Februar erzielten Bundeskanzler Kohl und Außenminister Genscher bei einem Besuch in Moskau einen Durchbruch: Gorbatschow stimmte der deutschen Einheit zu. Allerdings mit einem Vorbehalt: ein neuer deutscher Staat könne nicht der NATO angehören.

„2+4-Gespräche“ Anfang Juli sprach sich eine NATO-Konferenz in London für eine weitgehende Zusammenarbeit mit der Sowjetunion und den anderen Mitgliedern des Warschauer Paktes aus. Deshalb und aufgrund einer beträchtlichen deutschen Wirtschaftshilfe ließ Gorbatschow seinen Vorbehalt fallen. Auf den Konferenzen der „2+4-Gespräche“ (d. h. der beiden deutschen Außenminister und der Außenminister der vier Mächte) konnten nun die restlichen Fragen zügig geklärt werden. So verzichteten die Siegermächte auf ihre Rechte über Deutschland und Berlin und die Oder-Neiße-Linie wurde endgültig zur Westgrenze Polens erklärt.
Am 2. Oktober 1990, wenige Stunden vor der Verwirklichung der Einheit Deutschlands, wurden die Truppen der ehemaligen Siegermächte in Berlin verabschiedet, und die Volkskammer löste sich selbst auf.

M3 Die Unterzeichnung des 2+4-Dokuments in Moskau, 12. September 1990
V. l. n. r.: James Baker, USA, Douglas Hurd, Großbritannien, Eduard Schewardnadse, UdSSR, Roland Dumas, Frankreich, Lothar de Maizière, DDR, und Hans-Dietrich Genscher, Deutschland.

M4 Die neue Bundesrepublik Deutschland
1949 gründeten elf deutsche Länder die „Bundesrepublik Deutschland“. 1952 wurden drei Länder zu dem Land Baden-Württemberg zusammengefasst, 1957 kam das Saarland als damals 10. Bundesland hinzu. West-Berlin war seit 1950 mit besonderen Rechten mit der Bundesrepublik Deutschland verbunden. Mit dem Beitritt der DDR erhöhte sich die Zahl der Bundesländer auf 16. Auf dem Gebiet der ehemaligen DDR wurden fünf Länder gebildet.

M5 Wahlkampf in der DDR

5a CDU-Ost

Aus einer Wahlkampfzeitung der CDU-Ost, die von der CDU in Bonn herausgegeben und in West-Berlin gedruckt wurde:

Das will die Allianz für Deutschland. Für den Aufbau unseres Landes haben wir ein Modell vor Augen: die Soziale Marktwirtschaft ohne Wenn und Aber. Sie hat in der Bundesrepublik Freiheit, Wohlstand und soziale Sicherung gebracht. Wir wollen keine Experimente mehr, keinen „dritten Weg", keine weiteren Versuche auf unsere Kosten. Die Bundesrepublik hat es uns 1945 vorgemacht, wie mit Leistung und Initiative ein Land aufgebaut werden kann. Die Partei, die dies zustande gebracht hat, unterstützt uns. Wie die CDU der Bundesrepublik, wie Bundeskanzler Kohl wollen wir: Wohlstand für alle und die Einheit unseres Vaterlandes.

Nach: Andreas Grünberg: Wir sind das Volk! Der Weg der DDR zur deutschen Einheit. Stuttgart 1990, S. 113.

5b „Bündnis 90"

Ein Wahlkampf-Flugblatt des „Bündnis 90":

BÜNDNIS 90

Bürger für Bürger

NEUES FORUM
DEMOKRATIE JETZT
INITIATIVE FRIEDEN UND MENSCHENRECHTE

M6 Grünes Licht aus Moskau

6a Das Verhandlungsergebnis

Über die Ergebnisse der Gespräche Bundeskanzler Kohls und Außenminister Genschers mit der sowjetischen Führung berichtete am 11. Februar 1990 der Berliner „Tagesspiegel":

Moskau (Reuters/dpa). Die sowjetische Führung betrachtet nach Angaben von Bundeskanzler Kohl die deutsche Wiedervereinigung als eine Angelegenheit, die allein von den Deutschen entschieden werden kann. Dies betreffe den Zeitplan und den Weg dorthin. Gorbatschow hat mir unmissverständlich mitgeteilt, dass die Sowjetunion die deutsche Entscheidung respektieren wird, sagte Kohl der Presse in Moskau nach seinem Gespräch mit dem sowjetischen Staats- und Parteichef. Die Bundesregierung werde die Frage der Mitgliedschaft in den militärischen Bündnissen mit den westlichen Bündnispartnern beraten. Das Ergebnis seiner Gespräche mit Gorbatschow bezeichnet Kohl als historisch. Kohl erklärte weiter, er selbst und Gorbatschow seien über den anhaltenden Strom von Übersiedlern aus der DDR in die Bundesrepublik und die daraus entstehenden Konsequenzen besorgt.

Nach: Andreas Grünberg: Wir sind das Volk! Der Weg der DDR zur deutschen Einheit. Stuttgart 1990, S. 107.

6b Die Zustimmung zur NATO-Mitgliedschaft

Mitte Juli 1990 weilten Bundeskanzler Kohl und Außenminister Genscher erneut zu Gesprächen in Moskau und in einem Dorf im Kaukasus, der Heimat Gorbatschows. Nach den zweitägigen Verhandlungen, die u.a. mit der Zustimmung der Sowjetunion zur NATO-Mitgliedschaft eines geeinten Deutschlands endeten, erläuterte Gorbatschow seinen Standpunkt:

Wir haben erwartet, dass es entsprechende Veränderungen geben wird, z.B. im Bereich der NATO. Der Warschauer Pakt hat ja seine Doktrin bereits bei seiner letzten Tagung geändert. Dies war eine Aufforderung, die Strukturen der Blöcke zu ändern, aus militärischen Blöcken in mehr politische. Wir haben einen sehr wichtigen Impuls von der Konferenz aus London erhalten, der letzten Konferenz der NATO, die sehr wichtige positive Schritte brachte, die auch von den sozialistischen Ländern und anderen europäischen so verstanden wurden. Wenn also nicht dieser zweite Schritt in London gemacht worden wäre, dann wäre es schwer gewesen, bei unserem Treffen weiterzugehen. Ich möchte die beiden letzten Tage charakterisieren mit einem deutschen Ausdruck: Wir haben Realpolitik gemacht.

Nach: Chronik '90. Dortmund 1990, S. 63.

Fragen und Anregungen

1. Vergleichen Sie Voraussetzungen und Aussagen im Wahlkampf 1990 in der DDR und erläutern Sie das Wahlergebnis. (VT, M2 und M5a, b)

2. Beobachter waren überrascht, wie schnell 1990 die außenpolitischen Aspekte der deutschen Einheit verhandelt werden konnten. Welche Gründe sehen Sie dafür? (M3 und M6a, b)

4. Nur langsam wächst zusammen, was zusammengehört: Deutschland nach 1990

Am Tag nach der Öffnung der Mauer in Berlin, hatte Altbundeskanzler Willy Brandt in einer Rede ausgerufen: „Jetzt wächst zusammen, was zusammengehört." Wie sah es im neuen Deutschland nach der Revolution in der DDR, die man auch die „Wende" nennt, und nach der Vereinigung der beiden deutschen Staaten aus?

Die neue Bundesrepublik

Noch die Volkskammer der DDR hatte beschlossen, am 14. Oktober 1990 die Länder wiederzugründen, die 1952 in der DDR durch zentralistisch verwaltete Bezirke ersetzt worden waren. So entstanden aus West- und Ost-Berlin das Bundesland Berlin und fünf neue Bundesländer: Brandenburg, Mecklenburg-Vorpommern, Sachsen, Sachsen-Anhalt und Thüringen. Anfang Dezember wurde dann zum ersten Mal von allen Deutschen der Bundestag gewählt. CDU/CSU und FDP errangen eine deutliche Mehrheit in diesem ersten gesamtdeutschen Bundestag, in dem noch die SPD sowie die PDS und die Verbindung Bündnis 90/Grüne vertreten waren. Helmut Kohl (CDU) wurde wieder zum Kanzler gewählt.

Die neue Bundesrepublik Deutschland war kein neuer Staat. Nach außen galten weiterhin alle Verträge, die Deutschland zu einem wichtigen Mitglied der NATO und der EG gemacht hatten oder die es mit einzelnen Staaten besonders verbanden, wie z.B. der Freundschaftsvertrag mit Frankreich. Im Inneren galten weiterhin die Verfassung, das Grundgesetz, ebenso die staatlichen Symbole wie die Nationalhymne „Einigkeit und Recht und Freiheit ..." und die schwarz-rot-goldene Fahne. Während also die neue Bundesrepublik nach außen und in den Grundlagen des Staates im Inneren eine Einheit bildete, war und ist sie wirtschaftlich und sozial zweigeteilt. Denn in den neuen Bundesländern im Osten Deutschlands waren und sind immer noch große Aufgaben zu bewältigen.

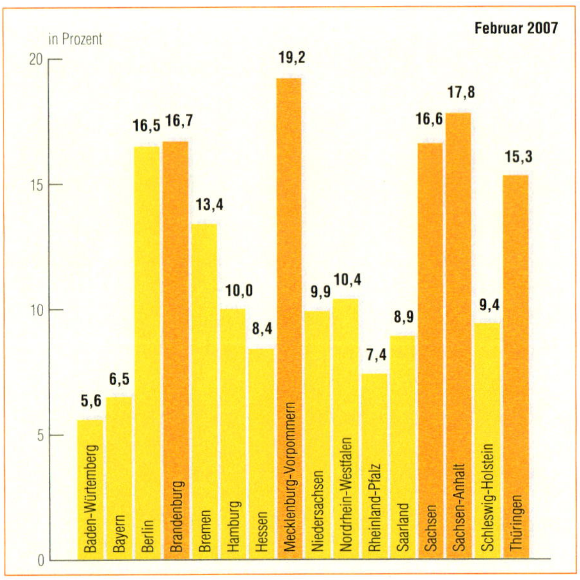

M1 Arbeitslosigkeit in Deutschland

Die Grafik zeigt, dass selbst noch im Jahr 2007, also 17 Jahre nach der Vereinigung, die fünf östlichen Bundesländer unter hoher Arbeitslosigkeit litten. Dies führte zu einer Abwanderung vor allem in die südlichen Bundesländer.

M2 „Es war einmal ..."

(Karikatur 1991)

Die Umstellung der Wirtschaft in der ehemaligen DDR mussten viele Menschen sehr rasch mit dem Verlust ihrer Arbeit bezahlen.

Arbeit, Wohnung und Umwelt

Die Umstellung der Planwirtschaft auf die vom Wettbewerb bestimmte Marktwirtschaft traf viele Menschen in den neuen Bundesländern hart. Zehntausende von Betrieben wurden privatisiert, also verkauft, Tausende mussten geschlossen werden. Die schnelle Einführung der D-Mark hatte zum Einbruch der Absatzmärkte der meisten Betriebe geführt, da die früheren Partner in den osteuropäischen Staaten nun nicht mehr zahlen konnten. Eine rasch steigende und anhaltende Arbeitslosigkeit sowie niedrigere Löhne als im Westen und Süden waren die Folge.
Schlechte Wohnverhältnisse und unvorstellbare Umweltschäden waren weitere Probleme. Ihre Bewältigung erforderte beträchtliche finanzielle Mittel und die Unterstützung der alten Bundesländer. Die Fördermaßnahmen der Bundesregierung – jährliche Milliardenbeträge in DM bzw. Euro, Erleichterungen für Investoren aus dem In- und Ausland – konnten hier im Laufe der Jahre vieles zum Besseren wenden.
Dies alles erforderte Opfer auch von den Bürgern der alten Bundesrepublik in Form von Steuern bzw. eines monatlichen Solidaritätsbeitrags sowie durch schmerzliche Sparmaßnahmen in manchen Bereichen. So verstanden viele die wachsende Unzufriedenheit der „Ossis“ nicht. Viele Ossis wiederum empfanden die „Wessis“ als arrogant und profitgierig. Man sprach von einer neuen Mauer, der „Mauer in den Köpfen“. Der Abbruch dieser Mauer wurde zu einer wichtigen Zukunftsaufgabe.

Fremdenfeindlichkeit

Im Sommer und Herbst 1992 kam es zu fremdenfeindlichen Ausschreitungen. Meist rechtsradikale Jugendliche griffen ein Heim für Asylbewerber in Rostock an. Es kam zu Straßenschlachten mit der Polizei. Aber es waren auch viele Schaulustige da, die die Randalierer unterstützten. Bei Überfällen durch Rechtsradikale wurden 17 Menschen schwer verletzt, bei einem Brandanschlag auf ein von Türken bewohntes Haus starben zwei Frauen und ein 10-jähriges Mädchen. Die meisten Deutschen reagierten mit Entsetzen und viele versuchten positive Zeichen zu setzen: So bildeten am 6. Dezember 1992 mehr als 400 000 Menschen eine Lichterkette quer durch München, um gegen Fremdenfeindlichkeit und Gewalt zu demonstrieren.

Deutsche Vergangenheit und Gegenwart

Das Zusammenwachsen im gemeinsamen Staat ging nicht ohne die Auseinandersetzung mit der DDR-Vergangenheit. Die Öffnung von Stasi-Akten brachte so manches ans Licht, was man bisher nur vermutet hatte: z. B. die tausendfache Bespitzelung durch Menschen, die man für gute Freunde hielt und die Versuche, die westdeutsche Politik im Geheimen zu beeinflussen. Die Aufdeckung der intensiven Verwendung von verbotenen Medikamenten und Drogen im Sport sowie die Prozesse gegen Todesschützen an der Berliner Mauer und dafür verantwortliche Politiker der DDR wie Egon Krenz gehörten ebenfalls zur Auseinandersetzung mit diesem Teil der deutschen Vergangenheit.
Die ehemalige westdeutsche Bundesrepublik und die ehemalige DDR bilden nun einen Staat. Dieser Staat fühlt sich den Werten und Inhalten des Grundgesetzes verpflichtet. In diesem Sinne sprach man vor 1989/90 von einem deutschen „Verfassungspatriotismus“. Durch die Vereinigung mit der DDR kam dann ein nationalstaatliches Element hinzu: Die Bundesrepublik Deutschland wurde wieder der Nationalstaat der Deutschen. „Zu Gast bei Freunden“, so lautete das Motto der Fußball-Weltmeisterschaft 2006, die in Deutschland stattfand. Und diese Fußball-WM 2006 wurde zu einem außergewöhnlichen Ereignis: Die Deutschen zeigten sich zugleich weltoffen und stolz auf die Leistungen der deutschen Mannschaft, die Farben schwarz-rot-gold beherrschten vier Wochen lang das Straßenbild. Die Welt staunte und man sprach auch im Ausland von einem neuen Zusammengehörigkeitsgefühl, einem neuen Nationalbewusstsein der Deutschen: unverkrampft und fröhlich.

M3 „Das geteilte Deutschland“
(Karikatur von Horst Haitzinger, 1989)
Erläutern Sie die Aussage dieser Karikatur.
Welche Befürchtung für die Zukunft will sie ausdrücken?

M4 In den neuen Bundesländern

4a Die nächsten Jahre

In der Dresdner Zeitung „Die Union" schrieb im März 1991 eine Journalistin:

Die heißesten Thriller, die spannendsten Filme – sie verblassen gegenüber den Tagesberichten aus unserem eigenen Land. Das interessante Stück heißt „Deutsche Wiedervereinigung", und sein Happy End ist in so weite Ferne gerückt, dass es kaum noch auszumachen ist. Es bleibt noch sichtbar am Ende des viel zitierten Tunnels, doch erscheint dieser viel länger, steiniger, dunkler geworden zu sein. Und nur die „neuen Deutschen" müssen durch ihn hindurch. Die anderen aber, die „alten Deutschen", nehmen den Tunnelgängern die Furcht vor dem Tunnel nun übel und schelten sie undankbar. Solche Bilder konnte man sehen in der letzten Woche: Ein fünfundvierzigjähriger Kumpel aus Mansfeld steht vor der Kamera und zeigt seine Hände, die nun keiner mehr braucht. Die Kupferhütte arbeitet nicht mehr. Der Mann hat in 27 Jahren Arbeit keinen Reichtum angesammelt, wie man am kleinen Haus und dem Plumpsklo neben dem Hühnerstall erkennen kann. Sein Stolz war seine Arbeit. Woher wird jetzt sein Stolz kommen? Neben ihm stand ein Minister, der sehr laut von künftigem Weltniveau und der ökologischen Erneuerung Sachsen-Anhalts redet. Und der Kumpel aus dem Konkursbetrieb fragt leise: „Kann ich dabei mitmachen?" Oder man sah die Frau aus Halle, am Rande einer Demonstration befragt, ebenfalls jenseits der Vierzig, die dem Reporter antwortet: „Warum ich auf die Straße gegangen bin? Ich bekomme keine Arbeit mehr, meine zwei Kinder gehen noch zur Schule, wie sollen wir durchkommen?"
Die zwei, wie wir alle, wissen, dass es richtig ist, unwirtschaftliche und umweltschädigende Betriebe zu schließen. Doch sie haben Angst vor den nächsten Jahren.

Gisela Buhrig in „Die Union" vom 26. März 1991, S. 14.

4b Wirtschaftswachstum – auf Kosten des Ostens?

In einer süddeutschen Zeitung war zu lesen:

Der Gewinner der deutschen Einheit steht seit langem fest: Es ist die Wirtschaft in der alten Bundesrepublik. Darauf deuten seit Monaten ausgelastete Fabriken, längere Lieferzeiten für etliche Konsumgüter und die satten Gewinne der Unternehmen hin. Zuletzt war es 1976 gelungen, ein noch höheres Wirtschaftswachstum von 5,6 Prozent zu erzielen. Doch das 90er-Rekordergebnis von 4,6 Prozent ist nicht wie vor 14 Jahren aus eigener Kraft zustande gekommen, sondern durch die Vereinnahmung des „Kaufmarktes neue Bundesländer". Denn es waren vor allem die neuen Absatzchancen im Osten, die den West-Unternehmern den Rekord beschert haben.
Dieser Zugewinn aber geht auf Kosten anderer. Und hier in erster Linie zu Lasten der maroden Ex-DDR-Betriebe, die jetzt vor dem Ruin stehen. So sind die erwarteten 500 000 neuen Arbeitsplätze im Westen nur eine Seite der Medaille. Ein Mehrfaches davon wurde und wird noch in den ostdeutschen Bundesländern vernichtet. Und daran wird sich so lange nichts ändern, wie die West-Firmen im Osten nur verkaufen, aber nicht produzieren.

Petra Sigge: Auf Kosten des Ostens, in „Augsburger Allgemeine Zeitung" vom 12. Januar 1991.

4c Innere Migration

In einer Untersuchung des Berliner Instituts für Bevölkerung und Entwicklung im Jahr 2006 heißt es:

Überaus kritisch ist die Lage vielerorts in den neuen Bundesländern. Seit 15 Jahren verlassen junge Menschen den Osten und ein guter Anteil der dortigen Wirtschaftsschwäche könnte bereits auf das Fehlen einer aktiven, motivierten und gut qualifizierten jüngeren Bevölkerungsschicht zurückgehen. (...) Die Kommunen bleiben bei sinkenden Einnahmen auf hohen Kosten für eine häufig überdimensionierte Infrastruktur sitzen. (...) Inseln der Stabilität finden sich in den neuen Bundesländern ausschließlich im Umfeld wichtiger Großstädte. So erzielen die Umlandkreise von Berlin, Dresden und entlang der thüringischen Städtereihe Jena-Weimar-Erfurt-Eisenach günstige Bewertungen. Dort ist die Abwanderung zum Stillstand gekommen; einige Städte wie Dresden, Leipzig, Jena oder Potsdam gewinnen sogar wieder Bevölkerung hinzu.

Nach: Franziska Medicus, Reiner Klingholz u. Steffen Kröhnert: Die demographische Lage der Nation. Wie zukunftsfähig sind Deutschlands Regionen? München 2006, S. 12 f.

4d Erfolge in den neuen Bundesländern

Am 4. Oktober 2000 berichtete die Süddeutsche Zeitung von der Festveranstaltung zum zehnten Jahrestag der deutschen Einigung in der Dresdner Semperoper:

Nach Einschätzung des letzten DDR-Ministerpräsidenten de Maizière haben die meisten Bürger in Ostdeutschland den Transformationsprozess, der ihnen enorme Veränderungen abverlangt habe, erfolgreich bestanden. Aus einem verschlissenen Industriestandort entwickle sich ein moderner High-Tech-Standort. „Die Richtung stimmt", sagte er. De Maizière würdigte die Aufbauhilfe des Westens mit den Worten: „Wir wurden nicht im Stich gelassen!" Es komme nun darauf an, die deutsche Einheit als gemeinsames Werk zu betrachten.

Der gleichfalls anwesende französische Staatspräsident Jacques Chirac erklärte:

In allen neuen Bundesländern – und selbstverständlich auch in Berlin – wurde innerhalb von zehn Jahren eine unermessliche Arbeit geleistet. Allen hat sie Mut und Opfer abverlangt. Auch heute noch nimmt sie alle Energien in Anspruch. (...) Was bis heute trotz der immensen Aufgabe geleistet wurde, nötigt uns Bewunderung ab.

Jens Schneider: Chirac lobt Kohl für Verdienste um die Einheit. In: Süddeutsche Zeitung vom 4. Oktober 2000.

M5 Deutschland im Film

Fernsehen und Kino beschäftigten sich bald in Dokumentationen und Spielfilmen mit dem Leben in der ehemaligen DDR. Angesichts der vielen Schwierigkeiten in den neuen Bundesländern ging manche Fernsehsendung der Frage nach: „War wirklich alles so schlimm in der DDR?"
Man sprach von „Ostalgie", einer Sehnsucht nach der gescheiterten DDR. Ins Kino kamen zwei Filme, die weltweit sehr großes Interesse fanden: „Good Bye Lenin!" – die Geschichte eines jungen Mannes, der seiner schwer kranken Mutter das Weiterbestehen der DDR vorgaukelt, um ihr einen Schock zu ersparen.

„Das Leben der Anderen" erhielt 2007 den begehrten Oscar als bester ausländischer Film. Er schildert die innere Wandlung eines Stasi-Offiziers während der Bespitzelung eines Schriftstellers in der DDR.

Fragen und Anregungen

1. Erstellen Sie in Stichworten eine Liste der wirtschaftlichen und gesellschaftlichen Probleme und Erfolge. (VT, M1 und M2, M4a–4c und M5)

2. Trotz der enormen Schwierigkeiten „wächst zusammen, was zusammengehört". Diskutieren Sie diese Feststellung. (VT, M4d)

DIE WELT NACH DEM KALTEN KRIEG

Das Ende des Ost-West-Konfliktes 1990/91 brachte Europa und der Welt neue Chancen, aber auch vielfache Gefahren für die weitere politische, gesellschaftliche und wirtschaftliche Entwicklung. Die USA und Russland standen einander nicht mehr als Feinde gegenüber und die europäische Integration konnte sich nach Auflösung der Blöcke nach Osten erweitern und zur Europäischen Union entwickeln. Andererseits blieb der Krisenherd Naher Osten bestehen und scheinbar lange überwundene nationale Konflikte – wie zum Beispiel in Jugoslawien – flammten wieder auf. Auch wirtschaftlich hat sich die Welt seit dem Ende des Kalten Krieges grundlegend verändert. In einer sich globalisierenden Welt wurden die nationalen Wirtschaften immer stärker zu bloß abhängigen Teilen einer weit verzweigten Weltwirtschaft. Zudem sieht sich vor allem die westliche Welt seit dem 11. September 2001 vermehrt Terroraktionen islamistischer Organisationen ausgesetzt.

Von der Aufbruchstimmung 1948 (oberes Plakat) zur Europäischen Union der 27 (unten)

SOS
(Karikatur von Horst Haitzinger vom 4. September 2004)

Die Rückkehr des Krieges auf dem Balkan
Angehörige betrauern den Tod eines jungen Albaners

Grenzmauer zwischen Israel und den palästinensischen Gebieten
Die Sperranlage führt bei Bethlehem mitten durch ein eng bebautes Wohngebiet.

Globalisierung
Firmen in elf Ländern stellen arbeitsteilig eine Zahnbürste her.

1. Die USA und Russland seit 1990

1990	Nach dem Ende des Kalten Kriegs sind die USA die alleinige Weltmacht. Der Republikaner George H. Bush senior ist der 41. Präsident der USA (1989-1993).
1990/1991	Die USA greifen mit ihren Verbündeten in den Zweiten Golfkrieg ein.
8. Dezember 1991	Russland, Weißrussland und die Ukraine schließen sich zur „Gemeinschaft Unabhängiger Staaten" (GUS) unter Führung von Boris Jelzin zusammen.
21. Dezember 1991	Die Sowjetunion löst sich auf, Präsident Gorbatschow tritt zurück.
1993–2001	Der Demokrat Bill Clinton regiert als Präsident die USA.
26. März 2000	Wladimir Putin wird nach Boris Jelzin der zweite Präsident Russlands.
20. Januar 2001	Der Republikaner George W. Bush junior zieht als 43. Präsident der USA ins Weiße Haus ein.
11. September 2001	Islamistische Terroristen verüben Anschläge in den USA.

M 1 Das Ende des Kalten Krieges
Sowjetische Karikatur in der Zeitschrift „Krokodil": „Diese Karikatur wurde dem Präsidenten der USA vom Präsidenten der UdSSR am 9. September (1990) in Helsinki überreicht." Was könnte wohl das am Boden liegende, besiegte Ungeheuer symbolisieren?

Präsident George H. Bush senior (1989–1993)

Nach dem Zerfall des Ostblocks und der Auflösung des Warschauer Pakts setzten die USA – nun die alleinige Weltmacht – neue politische Schwerpunkte: Präsident George H. Bush senior entwarf das Konzept einer „Neuen Weltordnung", in der Frieden und Freiheit im Mittelpunkt stehen sollten; die USA verstanden sich als Garant dafür.

George H. Bush senior hielt dabei insgesamt an den bisherigen außenpolitischen Positionen der USA fest, setzte dabei den Dialog mit der UdSSR fort, unterstützte aber auch die Vereinigung Deutschlands und betonte dessen Zugehörigkeit zum westeuropäischen Bündnis. Die Rolle der USA als „Weltpolizist" zeichnete sich im Zweiten Golfkrieg (1990/91) ab: Anfang August 1990 besetzte der irakische Diktator Saddam Hussein mit seinen Truppen Kuwait, erklärte dieses zu einer irakischen Provinz und schnitt die Erdölreserven Kuwaits von der westlichen Welt ab. Die internationale Staatengemeinschaft verurteilte das Vorgehen des Irak, die USA übernahmen die Führung in der antiirakischen Koalition und überzeugten Saudi-Arabien, amerikanische Soldaten ins Land zu lassen. Mithilfe eines Wirtschaftsembargos gegen den Irak versuchten die Vereinten Nationen die Position Kuwaits zu stärken. Da alle friedlichen Bemühungen zur Lösung des Konflikts ergebnislos geblieben waren, entschlossen sich die USA zum Krieg gegen den Irak. Mitte Januar 1991 begannen sie zusammen mit ihren Verbündeten (Großbritannien, Frankreich, Saudi-Arabien, Marokko, Syrien, Ägypten), die militärische Infrastruktur des Irak zu zerstören. Ende Februar 1991 war der Krieg mit der Kapitulation des Irak beendet. Die Truppen Saddam Husseins mussten sich aus Kuwait zurückziehen.

Präsident Bill Clinton (1993–2001)

Präsident Bill Clinton legte den Schwerpunkt seiner Arbeit auf die Innenpolitik: Er setzte sich für die sozial Schwachen ein, führte eine allgemeine Krankenversicherung ein, bekämpfte den Drogenmissbrauch und die Armut in den USA. Eine Sozialhilfereform sollte die Eigenverantwortlichkeit der Betroffenen stärken. Die Bekämpfung von AIDS, Rassendiskriminierung und die Förderung der Gleichstellung gleichgeschlechtlicher Lebensgemeinschaften waren ihm ein großes Anliegen. Die Staatsverschuldung wurde deutlich abgebaut. Außenpolitisch war Clinton weniger erfolgreich. Zwar bemühte er sich um eine Aussöhnung mit China und um die Beseitigung der Folgen des Kalten Krieges. Im Nahostkonflikt vermittelte er jedoch ohne konkretes Ergebnis, gegen den Völkermord in Ruanda (1994) schritt er nicht ein.

Kritisch wird die Position der US-Regierung zu Umweltfragen gesehen. Die UNO organisierte 1992 in Rio de Janeiro ein „Weltgipfeltreffen", bei dem die weltweite Umweltzerstörung einer breiteren Öffentlichkeit ins Bewusstsein gerückt wurde. In einer Folgekonferenz im japanischen Kyoto (1997) wurde dann die Reduzierung der Treibhausgasemissionen festgelegt, um die globale Erwärmung einzudämmen. Die USA unterschrieben zwar unter Clinton das Kyoto-Protokoll, weigerten sich jedoch unter George W. Bush junior es zu ratifizieren. Der Hurrikan Katrina und die Überflutung der Stadt New Orleans im August 2005 machten aber großen Teilen der amerikanischen Bevölkerung die Dringlichkeit des ökologischen Umdenkens bewusst.

Präsident George W. Bush junior (ab 2001)

In die Amtszeit von Präsident George W. Bush junior fallen die Anschläge vom 11. September 2001 (s. S. 85 ff.). Schon unmittelbar nach den Anschlägen vom 11. September sprach US-Präsident Bush von einem neuen Krieg gegen den Irak. Er bezeichnete Irak, Iran und Nordkorea als „Schurkenstaaten", als „Achse des Bösen", und unterstellte ihnen, die Terroristen zu unterstützen. Am 20. März 2003 begannen die USA – lediglich gestützt auf eine „Kooperation der Willigen" – den Krieg gegen Irak.

Die Gemeinschaft Unabhängiger Staaten

Die Sowjetunion brach 1990 auseinander. Die am Rand des sowjetischen Imperiums gelegenen Länder Litauen, Estland und Lettland erklärten im Frühjahr 1990 ihre Unabhängigkeit, die mit militärischer Härte bekämpft und bis April 1991 von der Sowjetunion nicht anerkannt wurde. Als Gorbatschow bei einem kommunistischen Staatsstreich im August 1991 an seinem Urlaubsort auf der Krim seinen politischen Widersachern in die Hände fiel, war es der Entschlusskraft Boris Jelzins, Präsident der Russischen Republik, zu verdanken, dass der Putsch zusammenbrach und die Putschisten vor Gericht gestellt werden konnten. Die KPdSU wurde verboten, das Gewaltmonopol des Staates – auch gegen reiche und einflussreiche Privatleute, meist Unternehmer – wurde gestärkt. Um politisch handlungsfähig zu bleiben, schlossen sich im Dezember 1991 Weißrussland, Russland und die Ukraine zur Gemeinschaft der Unabhängigen Staaten (GUS) zusammen, der sich weitere acht Staaten der Sowjetunion anschlossen. Die GUS beschloss am 21. Dezember 1991 die formelle Auflösung der Sowjetunion zum Ende des Jahres, woraufhin Gorbatschow seinen Rücktritt erklärte. Präsident der GUS wurde Boris Jelzin. Die einstmals so mächtige Sowjetunion war nun in viele Teile zerfallen.

Russland unter Wladimir Putin

Nach dem Rücktritt Jelzins wurde Wladimir Putin im Jahr 2000 russischer Staats- und Regierungschef. Sein Kurs bewegt sich zwischen innenpolitischer Härte und außenpolitischem Selbstbewusstsein. An einer Verständigung mit dem Westen ist Putin gelegen, bei der Menschenrechtsfrage macht er aber nur verbale Zugeständ-

Land:	**Russland**	**Weissrussland**	**Moldau**	**Ukraine**	**Georgien**	**Armenien**
Hauptstadt:	Moskau	Minsk	Chisinau	Kiew	Tiflis	Eriwan
Bevölkerung:	149,476 Mio.	10,304 Mio.	4,354 Mio.	52,309 Mio.	5,472 Mio.	3,647 Mio.

Land:	**Aserbaidschan**	**Turkmenistan**	**Usbekistan**	**Tadschikistan**	**Kirgistan**	**Kasachstan**
Hauptstadt:	Baku	Aschgabat	Taschkent	Duschanbe	Bischkek	Almaty
Bevölkerung:	7,391 Mio.	4,054 Mio.	22,358 Mio.	5,862 Mio.	4,634 Mio.	17,303 Mio.

Grenze der GUS (=Gemeinschaft unabhängiger Staaten) 1996

● Hauptstadt

M 2 Die Sowjetunion nach 1990

nisse. Den seit 1994 andauernden Krieg gegen die abtrünnige Kaukasusrepublik Tschetschenien führte Putin mit unnachgiebiger Härte. In der Irak-Frage im Frühjahr 2003 stand Russland auf der Seite der Kriegsgegner Deutschland und Frankreich.

Der wirtschaftliche Aufschwung in Russland, bedingt u. a. durch die Erdgas- und Erdöllieferungen nach Westeuropa, macht das Russland Putins wieder zu einem wichtigen, bislang jedoch nicht immer zuverlässigen Partner für Europa und die Welt.

Weltpolitik im 21. Jahrhundert

Auf internationaler Ebene wird sowohl die Politik Russlands wie auch die der USA zum Teil heftig kritisiert. Vor allem Globalisierungsgegner (s. S. 82 ff.) prangern die Herrschaft der Industrieländer über die Staaten der Dritten und Vierten Welt an, die in den sog. G8-Treffen institutionalisiert ist und bei denen die Vertreter der führenden Industrienationen (USA, Japan, Kanada, Großbritannien, Deutschland, Frankreich, Italien und Russland) die Leitlinien ihrer Politik absprechen. Ausgehend von der Annahme, dass staatliche Organe die Probleme des 21. Jahrhunderts nicht mehr allein lösen können, fordern sie die verstärkte Einbeziehung von Nichtregierungsorganisationen (z. B. UNESCO, UNICEF, amnesty international, Ärzte ohne Grenzen), die in den Bereichen Entwicklungspolitik, humanitäre Hilfe und Umweltfragen tätig sind.

M3 Der Zweite Golfkrieg – ein sauberer Krieg?

US-Marine Anthony Swofford berichtet in einem Interview von seinen Erlebnissen im Zweiten Golfkrieg (1991):

Man kannte ja nur diese schemenhaften Bilder, die die Cruise-Missile-Bordkameras vom Zielflug machten.

Was passiert denn, wenn das Bild ausgeht?

Na ja, Sachen gehen in die Luft, Menschen sterben, Leichen liegen im Sand, Familien vermissen ihre Männer, Brüder und Söhne. Die Videobilder haben nichts mit dem Moment der Detonation und den Momenten danach zu tun. Die Bilder sind sauber und präzise. Aber Krieg ist nicht sauber und präzise. Krieg ist dreckig, profan und obszön. Was wir nach 41 Tagen Bombenhagel auf Artilleriestellungen, leichte Infanterie und Panzereinheiten dort gesehen haben, war frisches Gemetzel.

Andrian Kreye: Interview mit Anthony Swofford; www.andriankreye.com/Swofford.html (15. 06. 2007)

M4 Jürgen Todenhöfer über die Rolle der USA

Manche sehen im Afghanistan- und im Irakkrieg emotionale Reaktionen der USA auf den 11. September. Sie irren sich. Beide waren Teil einer sehr rationalen Strategie (...). Deren erklärte Hauptziele waren die Verhinderung des Aufstiegs von Rivalen um die Weltherrschaft sowie die Neuordnung der Golfregion und die Sicherung der Rohstoffversorgung durch Präventivkriege. (...) Die große Stunde dieser Planer schlug allerdings am 11. September 2001. Sofort erkannten sie, dass dieser Tag bei allem Leid, das er gebracht hatte, auch die einmalige Chance bot, Angriffskriege künftig als Akt der Selbstverteidigung darzustellen und alte Pläne mit öffentlichem Rückenwind militärisch durchzusetzen.

Süddeutsche Zeitung vom 19./20. Juli 2003, S. III.

M5 Aus einer Pressemeldung vom 7. Februar 2006

Wladimir Putin, früher selbst KGB-Agent, verlangte bei einem Besuch des Inlandsgeheimdienstes FSB ein brutales Vorgehen gegen Terroristen im eigenen Land. „Man muss die Höhlen finden", sagte Putin. (...) Putin hatte bereits mehrfach mit drastischen Ausdrücken zur Bekämpfung der tschetschenischen Rebellen aufgerufen, die die russische Regierung meist als „Terroristen" oder „Banditen" bezeichnet. Nach einer Reihe von Anschlägen in Moskau im September 1999 hatte Putin angekündigt, „Terroristen sogar auf dem Klo kaltzumachen".

Spiegel online vom 7. Februar 2006; http://www.spiegel.de/politik/ausland/0,1518,399608,00.html (15. 06. 2007)

M6 Streit um Erdgaslieferungen im Dezember 2006

Im Streit zwischen Russland und Weißrussland über Preiserhöhungen für Erdgas hat der Moskauer Konzern Gazprom Westeuropa vor Lieferengpässen gewarnt. (...) Gazprom-Kunden in Westeuropa seien über mögliche Lieferengpässe informiert worden. Man habe entsprechende Briefe an Partner in Litauen, Polen und Deutschland geschickt, sagte Unternehmenschef Alexej Miller. (...) Anders als während der Ukraine-Krise erwartet auch die deutsche Gaswirtschaft vorerst keine Schwierigkeiten bei der Versorgung. Nach dem milden Herbst seien die Erdgasspeicher „rammelvoll", hatte Burckhard Bergmann, der Chef des größten deutschen Gaskonzerns Eon Ruhrgas, kurz vor Weihnachten gesagt. Die BASF-Tochtergesellschaft Wingas teilte mit, die deutschen Kunden des Unternehmens könnten sich auf eine sichere Versorgung verlassen. Dagegen geht Claudia Kempfert vom Deutschen Institut für Wirtschaftsforschung in Berlin davon aus, dass der Stopp der Gasversorgung für Weißrussland zwangsläufig zur Folge habe, „dass in Westeuropa nicht genügend Gas ankommen wird". Es wachse die Sorge, „dass eines Tages auch Westeuropa von solchen Drohungen und Liefereinschränkungen betroffen sein kann", sagte sie.

Süddeutsche Zeitung vom 28. Dezember 2006; zit. nach: http://www.sueddeutsche.de/ausland/artikel/478/96382/ (15. 06. 2007)

Fragen und Anregungen

1. Zeigen Sie auf, wie sich das weltpolitische Klima nach dem Zusammenbruch der UdSSR veränderte. (VT, M1, M2)
2. Klären Sie, wie sich die USA und Russland nach 1990 entwickelten. (VT, M2, M4, M5, M6)
3. Diskutieren Sie, wie die Außenpolitik der USA zu bewerten ist. (VT, M3, M4)
4. Überlegen Sie, wie Ihre „neue Weltordnung" aussehen würde. Welche Aspekte wären Ihnen wichtig, worauf würden Sie den Schwerpunkt legen?

2. Bis wohin reicht das vereinigte Europa?

1990 In Osteuropa entstehen neue demokratische Staaten.

1993 Die EU bietet den osteuropäischen Staaten die Mitgliedschaft an.

2004 Acht osteuropäische Staaten, Malta und Zypern treten der Union bei.

2007 Rumänien und Bulgarien werden Mitglieder der EU.

M 1 Doppelhaus mit Brandmauer
(Karikatur von Luis Murschetz, 1991)

Die osteuropäische Revolution

Unter starkem Druck der Sowjetunion wurden die osteuropäischen Länder durch die Gründung des „Rats für gegenseitige Wirtschaftshilfe“ (RGW) zusammengefasst. Damit wollte die UdSSR ein wirtschaftliches Gegengewicht zu den durch den Marshallplan und seit 1958 auch durch die Römischen Verträge geeinten westeuropäischen Ländern und den USA bilden. Die Planwirtschaft der RGW-Länder erreichte nie den Lebensstandard und die Produktivität der westlichen Industrieländer, seit den 70er Jahren vertiefte sich dieser Abstand zunehmend. Die osteuropäischen Staaten verschuldeten sich in Westeuropa, um – letztlich vergeblich – ihre Volkswirtschaften zu modernisieren. Mit dem Zusammenbruch der UdSSR löste sich der RGW auf. Die Perestroika in der Sowjetunion bewirkte demokratische Revolutionen und tief greifende Veränderungen in Osteuropa. Die osteuropäischen Revolutionen enthielten jedoch auch ein nationales Ziel: Die bisher benachteiligten Völker strebten nach eigenen, souveränen Staaten. Dies gelang, als die Slowaken sich aus dem Staatsverband Tschechoslowakei lösten und die baltischen Staaten, die Ukraine und Weißrussland die Unabhängigkeit von der UdSSR gewannen.

M 2 „Fahnenflucht“
(Karikatur von Peter Bensch, Dezember 1989)
Wie sieht der Zeichner die Zusammenhänge an der Wende zum Jahr 1990? Wiederhole zur Deutung der Karikatur die Ereignisse in Osteuropa.

Die Kopenhagener Kriterien

Die Aufnahme in die EU und die NATO wurden für die neuen Staaten und die jungen Demokratien Osteuropas zum wichtigsten Ziel ihrer Politik. Sie verstärkten ihre Handelsbeziehungen mit der EU, die 1994 bereits zum wichtigsten Handelspartner Osteuropas gewachsen war. 1993 trafen sich die Staats- und Regierungschefs der EU in Kopenhagen und sagten den osteuropäischen Reformstaaten die Aufnahme in die EU zu. Allerdings erwarteten sie, dass die Antragsstaaten die vier politischen und wirtschaftlichen „Kopenhagener Kriterien“ erfüllen sollten: die Übereinstimmung mit den Zielen der EU, die Einführung von Marktwirtschaft und Demokratie und die Anwendung des geltenden EU-Rechts. Eine stabile Demokratie, die Achtung der Menschenrechte, eine funktionierende Marktwirtschaft und die Übernahme der weiteren Gemeinschaftspflichten sollte schrittweise in den Antragsländern verwirklicht werden.

Beitritt trotz Schwierigkeiten

Viele osteuropäische Länder standen bei der Einführung der Marktwirtschaft vor dem wirtschaftlichen Zusammenbruch. Die einschneidenden Maßnahmen verstärkten zunächst Verarmung und Arbeitslosigkeit, leiteten jedoch längerfristig ein neues Wachstum ein. Deswegen fürchteten viele Westeuropäer einerseits die wirtschaftliche Schwäche Osteuropas als besondere Belastung für den Wohlstand in der EU, andererseits die billigeren Angebote der neuen Mitglieder und ein Anwachsen der Konkurrenz.
Dass die osteuropäischen Länder neue Märkte für die alten EU-Länder boten, wurde oft übersehen. Bis 1996 stellten 12 Länder Anträge auf Aufnahme in die EU. Von diesen erfüllten 10 Staaten 2003 die EU-Aufnahmebedingungen, so dass sie am 1. Mai 2004 der Union beitraten. Seit diesem Zeitpunkt umfasst die EU 25 Mitgliedsstaaten und den größten Binnenmarkt der westlichen Welt, in dem 450 Millionen Menschen leben. Bundeskanzler Gerhard Schröder erklärte am 30. April 2004 vor dem Bundestag:
„Es ist nicht so, dass Europa sich durch die morgigen Beitritte ‚ausdehnt‘. Vielmehr kommen Völker und Staaten, die seit langem Teil Europas sind, endlich zurück in die europäische Familie.“
2007 wurden auch Rumänien und Bulgarien Mitglieder der EU.

M3 **„Europa den Europäern“**
(Karikatur von Gerhard Mester, 1991)

Die Osterweiterung der EU

Mit dem Zerfall der Sowjetunion, des Rats für gegenseitige Wirtschaftshilfe und des Warschauer Pakts führte die osteuropäische Revolution zur Bildung demokratischer und neuer Staaten. Die Mehrzahl dieser Länder strebte die Mitgliedschaft in der Europäischen Union an. Die EU befürwortete die Aufnahme, wenn die Antragsländer vier Bedingungen erfüllten: die Einführung und den Ausbau von Marktwirtschaft und Demokratie, die Übereinstimmung mit den Zielen der EU und die Anwendung des geltenden EU-Rechts. Bis zum Jahre 2007 traten 10 osteuropäische Staaten der EU bei: Damit war die Zweiteilung Europas, die im Kalten Krieg vorherrschte, überwunden.

M4 „Macht hoch die Tür, die Tor' macht weit"
(Karikatur von Horst Haitzinger vom 13. Dezember 1997)

M5 Die Osterweiterung der EU – nur ein Risiko?

2001 erörterte der deutsche Journalist Torsten Wöhlert die Probleme der Osterweiterung der EU:

Das Ausmaß der EU-Erweiterung ist in der Tat ein gewaltiges. Aus der 15er Union mit 380 Millionen Einwohnern soll eine mit 27 Staaten und 480 Millionen Bewohnern werden; statt zwölf wird es dann 22 EU-Sprachen geben (...) Ökonomisch betrachtet stehen sich in dem Prozess höchst ungleiche Partner gegenüber. Das Sozialprodukt aller zehn osteuropäischen Beitrittskandidaten zusammen erreicht gerade einmal 80 Prozent des spanischen Niveaus. (...) Die EU wird nach der Erweiterung in ihrem Inneren mit einem bis dahin unbekannten sozialen Gefälle konfrontiert sein. (...) Die EU ist kein Bund der Gleichen, nach der Osterweiterung weniger als jetzt. Darin aber liegt die eigentliche Gefahr. Wenn die Union nur größer, wenn sie in ihren Entscheidungen nicht auch europäischer wird und die knapper werdenden Mittel auf ihre ökonomisch schwächsten Mitglieder konzentriert, droht ihr ein nationalistischer „backlash" (Rückschlag). (...) Natürlich haben Menschen, die in einer Region mit über 20 Prozent Arbeitslosigkeit leben, Angst vor billiger Konkurrenz aus dem Osten. Diese Sorge ernst zu nehmen, heißt aber nicht, Horrorszenarien auf den Leim gehen zu müssen. (...) Abschottung bietet keine Entwicklungsperspektiven. Im Gegenteil: Die Chancen der Osterweiterung liegen vielmehr in der Öffnung der Grenzregionen für eine neue europäische Arbeitsteilung.

Torsten Wöhlert: In Zukunft muss es heißen „go east and come together". Die EU-Erweiterung wird zum Lackmustest für eine europäische Politik. In: Das Parlament Nr. 34-35 vom 17./24. August 2001, S. 1.

M6 Die Probleme der osteuropäischen Länder

Der ehemalige ungarische Ministerpräsident Horn über die Belastungen der osteuropäischen Staaten:

Opfer hat das ungarische Volk schon erbracht und erbringt sie immer noch. Ungarn hat im Jahre 2000 das Produktionslevel des Jahres 1989 wieder erreicht, obwohl dieser Status 1989 nicht allzu hoch war (...). Auch ich war ein Politiker des Systemwechsels (vom Kommunismus zur Demokratie). Aber Demokratie schafft nicht automatisch Wohlstand. Das ist eine der größten Herausforderungen der Europäischen Union, wie man die Demokratie kräftigen und gleichzeitig Wohlstand schaffen kann (...). Wir klopfen nicht als Bettler an die Tür der Europäischen Union. Wir bringen geistige, kulturelle und materielle Werte mit in die EU, die auch eine Bereicherung für Westeuropa darstellen werden.

Stiftung internationaler Karlspreis zu Aachen 2001/V.i.S.d.P. Bernd Vincken (Hrsg.): Als der Eiserne Vorhang fiel. Gesprächsrunde am 23. Mai 2001 in Aachen. In: Dialog für Europa, Heft 3/2001, S. 14.

M7 Bedenken gegen die türkische EU-Mitgliedschaft

Vor ihrer Wahl zur Bundeskanzlerin äußerte sich Angela Merkel zum Beitritt der Türkei in die EU:

Wir wollen niemandem die Türe vor der Nase zuschlagen. Aber ein Beitritt der Türkei überfordert derzeit die Integrationsfähigkeit der EU. (...) Die Türkei ist geografisch zum größten Teil nicht Europa. Darin sind wir uns alle einig. Aber die EU hat bis heute nicht klar die Grenzen für eine Mitgliedschaft definiert. Niemand kann heute präzise sagen, in welcher Lage sich die Türkei 2015 befinden wird. Das Land hat großes ökonomisches Wachstumspotenzial. Es gibt rechtsstaatliche Fortschritte. (...) Es geht nicht um Religion.

M8 Die Erweiterung der europäischen Union

Untersuchen Sie die verschiedenen Stufen der Erweiterung.

Es spielt aber eine Rolle, dass der Islam die Aufklärung nicht erlebt hat. Und daraus ergeben sich unterschiedliche Auffassungen über Ehe, über die Rolle der Frau, die Rolle des Individuums. (...) Und über die wirtschaftlichen Auswirkungen eines türkischen EU-Beitritts haben wir jetzt noch gar nicht gesprochen. Der würde die heutige Statik der EU völlig durcheinander bringen.

Angela Merkel: Interview mit der „Süddeutschen Zeitung" vom 16. Dezember 2004.

M9 Die Türkei als ein Teil Europas

Eine politische Bildungszentrale informiert über den türkischen Standpunkt:

Mehr als vier Jahrzehnte nach dem ersten Beitrittsantrag der Türkei verhandelt die Europäische Union seit dem 3. Oktober 2005 mit dem Land am Bosporus über eine EU- Vollmitgliedschaft. Der türkische Ministerpräsident Recep Tayyip Erdogan hat den formellen Beginn der EU-Beitrittsverhandlungen als „riesigen Schritt" gewürdigt: „Das ist ein Erfolg für die Türkei, das ist ein Erfolg für alle, das ist ein Erfolg für unser Volk", sagte der Regierungschef in Ankara. Der türkische Außenminister Abdullah Gül sprach von einem „wichtigen Wendepunkt" und betonte: „Jetzt beginnen die Gespräche für eine Vollmitgliedschaft der Türkei". Gül verwies darauf, dass die bilateralen Beziehungen zwischen der EU und der Türkei bis 1959 zurückreichen. Wenn die Türkei der EU beitrete, werde dies Europa bereichern, sagte Gül. Eine EU-Mitgliedschaft der Türkei werde beitragen „zum Frieden der Welt und zum Verständnis der Kulturen".

Landeszentrale für politische Bildung Baden-Württemberg: http://www.lpb-bw.de/aktuell/eu_osterweiterung.php (30. 08. 2006)

Fragen und Anregungen

1. Fassen Sie Chancen und Risiken der Osterweiterung der EU tabellarisch zusammen. (VT, M1–M4, M9)
2. Verdeutlichen Sie die Herausforderungen, welche die EU-Mitgliedschaft für die osteuropäischen Länder mit sich brachte. (VT, M5 und M6)
3. Stellen Sie den Argumenten Angela Merkels gegen die Mitgliedschaft der Türkei Gegenargumente gegenüber. (M7, M9)
4. Verschaffen Sie sich in der Presse oder im Internet einen Überblick darüber, welche Staaten zurzeit mit der EU über eine Mitgliedschaft verhandeln. Welche Nachteile, welche Vorteile würde die Aufnahme dieser Länder mit sich bringen?

3. Europa zwischen Staatenbund und Bundesstaat

1992 Der Vertrag von Maastricht ist ein Meilenstein der Integration der europäischen Staaten auf dem Weg von der Europäischen Gemeinschaft (EG) zur Europäischen Union (EU).

1999 Der Euro wird als europäische Gemeinschaftswährung in 12 Ländern eingeführt.

2004/05 In einer europäischen Verfassung soll die Arbeitsweise der EU vereinfacht werden. In Frankreich und in den Niederlanden lehnt die Mehrheit der Bürger die Reform ab.

M 1 „Maastrichter Freibad"
(Karikatur von Horst Haitzinger)
Dezember 1991: Auf dem Maastrichter Euro-Gipfel übernimmt Bundeskanzler Kohl die Vorreiterrolle in einer gemeinsamen Währungspolitik.

Die Vertiefung der Union

Nach dem Zerfall der Sowjetunion wandelte sich die westeuropäische in die gesamteuropäische Integration. Die Wiedervereinigung 1990 stärkte die Stellung Deutschlands in Europa. Bundeskanzler Kohl wollte gemeinsam mit dem französischen Präsidenten Mitterand die europäische Einheit vertiefen, um den Verdacht einer deutschen Vormachtpolitik zu entkräften. Bereits 1986 hatte die Einheitliche Europäische Akte festgelegt, dass für alle Europäer der EG zunehmend gemeinsame und einheitliche Regelungen gelten und die europäischen Institutionen gegenüber den nationalen an Einfluss gewinnen sollten. Der Vertrag von Maastricht von 1992 bedeutete eine entsprechende Vertiefung der Integration, was der neue Name „Europäische Union" statt „Europäische Gemeinschaft" ausdrückte. Die europäische Unionsbürgerschaft erlaubte es den EU-Bürgern, in jedem EU-Land ihren Wohnsitz zu wählen und an den dortigen Gemeindewahlen teilzunehmen. Bis 1999 war die Schaffung einer europäischen Währung vorgesehen. Gemäß dem „Subsidiaritätsprinzip" sollten Entscheidungen in der EU nicht von der europäischen Zentrale, sondern möglichst nahe am Bürger getroffen werden. Außen- und Verteidigungspolitik, die Bereiche Bildung, Gesundheitswesen und Verbrechensbekämpfung wollten die Mitgliedstaaten zukünftig stärker aufeinander abstimmen.

Die gemeinsame Währung

Gemäß dem Vertrag von Maastricht beabsichtigten die Mitgliedsstaaten vergleichbare und günstige wirtschaftliche Verhältnisse herzustellen, um die reibungslose Umstellung auf die neue europäische Währung zu ermöglichen. 1999 verzichteten 12 Mitgliedsstaaten der EU auf die eigene Währung und stimmten der Einführung des Euro als gemeinsamer Währung zu. Damit wurde ein wichtiges Zeichen nationaler Souveränität abgeschafft. Im gleichen Jahr nahm die Europäische Zentralbank (EZB) ihre Tätigkeit auf. In einigen Staaten wie zum Beispiel Großbritannien stimmten die Bürger gegen die europäische Währung. 2002 wurden in den 12 Staaten die Münzen und Geldscheine des Euro in Umlauf gebracht. Obwohl der Euro den Geldverkehr vereinfachte, hielt sich hartnäckig der Verdacht, dass die Währungsumstellung mit einer großen Teuerungswelle verbunden sei.

Die politische Vertiefung: eine gemeinsame Verfassung

Die geplante Aufnahme der Beitrittsländer ließ eine Erschwerung der Beschlussfassung in der EU erwarten. Deswegen erarbeitete eine Kommission Reformvorschläge, kurz „europäische Verfassung" genannt. Ihr wurde die Charta der Grundrechte vorangestellt. Die EU sollte handlungsfähiger und bürgernäher arbeiten. Dafür waren die Rechte des Europaparlaments zu stärken und den EU-Bürgern der Volksentscheid über einen Gesetzesvorschlag einzuräumen. Allerdings behielten die Regierungen im Europäischen Rat bei der Gesetzgebung den Vorrang. Doch sollte nicht mehr Einstimmigkeit erforderlich sein, sondern nur noch die Mehrheit der Staaten mit einem Anteil von mindestens 60 Prozent der EU-Bevölkerung. Weiterhin waren ein europäischer Präsident und ein Außenminister vorgesehen.

Das Europa der verschiedenen Geschwindigkeiten

2005 stimmte der Deutsche Bundestag für die Veränderungen, während die französischen und niederländischen Bürger sie in Volksabstimmungen ablehnten. Darin erkannte man einen Protest nicht nur gegenüber den eigenen Regierungen, sondern auch gegenüber einer Integrationspolitik, die die Bürger zu wenig informierte und einbezog. Bürokratie, Undurchschaubarkeit der europäischen Verwaltung, aber auch nationale Gefühle spielten ebenso eine Rolle. Zunehmend erstanden auch Einwände gegenüber einer erneuten Erweiterung der EU, weil diese zu groß würde und die Antragsstaaten kulturell oder politisch dem europäischen Standard nicht entsprächen. Umstritten sind besonders die Beitrittsverhandlungen mit der Türkei. Allerdings bietet die Union die Möglichkeit einer abgestuften Integration, das „Europa der verschiedenen Geschwindigkeiten". Aufbauend auf einer gemeinsamen Basis nehmen die Mitgliedsländer an verschiedenen Integrationsvorhaben wie der gemeinsamen Währung, der Bildung europäischer Truppenverbände oder einer gemeinsamen Sicherheitspolitik nach ihren Möglichkeiten teil.

Vertrag von Maastricht 1992

Der Vertrag von Maastricht legte die Etappen der 1989 beschlossenen Währungs- und Wirtschaftsunion und die Bedingungen für die Einführung der europäischen Einheitswährung fest. Die EG-Mitgliedstaaten beschlossen in drei Bereichen eine verstärkte Integration:

1. in der wirtschaftlichen Zusammenarbeit,
2. in der Außen- und Sicherheitspolitik und
3. in den Bereichen Inneres und Justiz. Die EU bildet eine übernationale Gemeinschaft zwischen Staatenbund und Bundesstaat, einen Staatenverbund. Der Maastrichter Vertrag schuf auch die Voraussetzungen für die Aufnahme neuer Staaten in die EU.

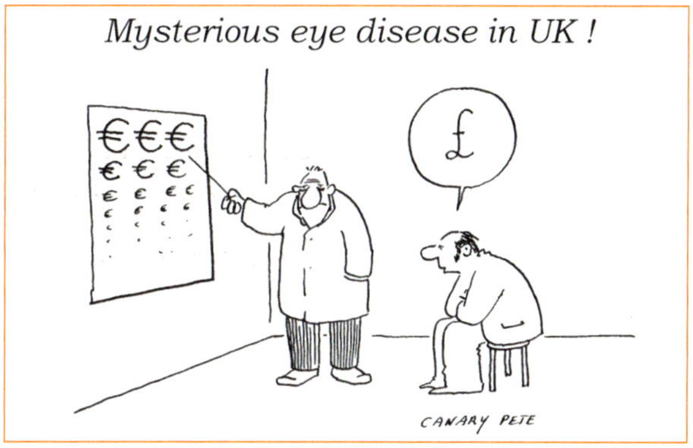

M 2 Festhalten an nationaler Währung

Übersetzen Sie die englische Aussage dieser britischen Karikatur aus dem Jahr 2003. Vergleichen Sie ihre Aussage mit den Ausführungen Tony Blairs. (M9)

M 3 Die militärische Zusammenarbeit

Die EU stationierte 2003 bei der Operation „Concordia“ 400 Soldaten im Rahmen des NATO-Einsatzes in West-Makedonien. Gemäß dem UNO-Mandat schützt die europäische Einheit den Frieden. 2004 löste die EU mit 7000 Soldaten die NATO in Bosnien ab.
Der Irak-Krieg 2003 führte allerdings zu einer Spaltung unter den Europäern wegen der militärischen Unterstützung der USA durch einige EU-Mitgliedsstaaten.

M 4 Teurer Euro oft Gefühlssache

Der Euro kommt – 2007 soll er Zahlungsmittel in Slowenien sein, später sollen die Slowakei und Litauen folgen. „Um ihrer Bevölkerung ein gutes Gefühl für die neue Währung zu vermitteln, sollten sich die betreffenden Staaten ‚best-practise-Modelle‘ der Euro-Länder anschauen“, rät Helmut Stix von der Österreichischen Nationalbank. „Sehr sinnvoll“ sei eine doppelte Preisauszeichnung – wenn eine solche auch nicht zu lange erfolgen sollte. Andernfalls würden Konsumenten eher auf den Preis in alter Währung achten und sich nicht an den Euro gewöhnen, meint Stix. Zudem würde, wer Jahre nach der Euro-Einführung immer noch in alter Währung rechne, unbewusst aktuelle Preise mit einstigen vergleichen. Auch die Erwartungshaltung spiele eine Rolle: Konsumenten, die mit höheren Preisen rechnen würden, sähen sich bei der Euro-Einführung in ihrem Gefühl oft bestätigt.

Wiener Zeitung vom 26. August 2006

M 5 Nationale und europäische Identität

(...) gründet sich die Union auf die unteilbaren und universellen Werte der Würde des Menschen, der Freiheit, Gleichheit und der Solidarität. Sie beruht auf den Grundsätzen der Demokratie und der Rechtsstaatlichkeit. Sie stellt die Person in den Mittelpunkt ihres Handelns, indem sie die Unionsbürgerschaft und einen Raum der Freiheit, der Sicherheit und des Rechts begründet.

Präambel der Charta der Grundrechte der europäischen Union, 2000
http://www.politische-bildung-rlp.de/fileadmin/download_neu/GG_Charta_Okto_2006.pdf (30. 07. 2007)

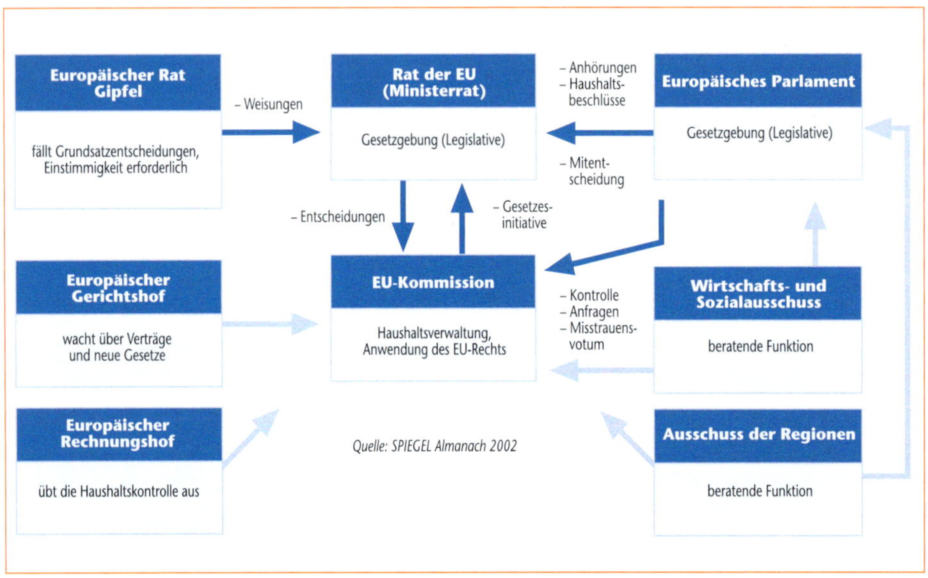

Quelle: SPIEGEL Almanach 2002

M 6 Institutionen der Europäischen Union

Der Europäische Rat bestimmt die politischen Ziele der EU.
Der Ministerrat, bestehend aus den Fachministern, und das EU-Parlament bilden die Legislative.
Die Kommission, die Exekutive, schlägt Gesetze vor und führt Beschlüsse aus.
Der Europäische Gerichtshof ist für die Beilegung von Konflikten zuständig.

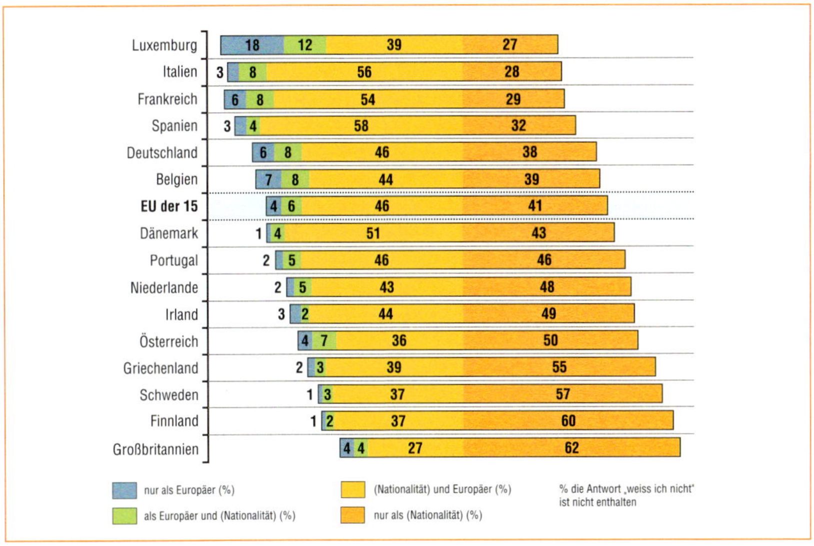

M 7 Fühlen Sie sich als Europäer?
Quelle: Umfrage Eurobarometer (Europäische Kommission, April 2004).
In welchen Ländern ist das europäische Zugehörigkeitsgefühl am stärksten ausgeprägt? In welchen Ländern hat sich der Nationalismus hingegen besonders erhalten? Suchen Sie nach Erklärungen für die Unterschiede zwischen den verschiedenen Mitgliedsländern. Versuchen Sie zu begründen, warum viele Menschen sich nicht mit dem vereinigten Europa identifizieren.

M 8 Für die Stärkung der Europäischen Union

Der deutsche Außenminister Joschka Fischer über die Reform der EU im Jahre 2000:

Die Erweiterung wird eine grundlegende Reform der europäischen Institutionen unverzichtbar machen (...). Fragen über Fragen, für die es allerdings eine ganz einfache Antwort gibt: den Übergang vom Staatenverbund der Union hin zur vollen Parlamentarisierung in einer Europäischen Föderation (Bundesstaat), die Robert Schuman bereits vor 50 Jahren gefordert hat. Und d.h. nichts Geringeres als ein europäisches Parlament und eine ebensolche Regierung, die tatsächlich die gesetzgebende und die exekutive Gewalt innerhalb der Föderation ausüben. Diese Föderation wird sich auf einen Verfassungsvertrag zu gründen haben. (...) Dies alles wird aber nicht die Abschaffung des Nationalstaates bedeuten.

Joschka Fischer: Vom Staatenverbund zur Föderation – Gedanken über die Finalität der europäischen Integration. Rede vom 12. Mai 2000 in Berlin. http://www.zeit.de/reden/europapolitik/200106_20000512_fischer?page=5

M 9 Für die Stärkung der Mitgliedsstaaten

Der britische Premierminister Tony Blair im Jahr 2000:

Ein Thema in Europa ist die demokratische Legitimation – das sogenannte demokratische Defizit. Aber wir könnten Stunden damit verbringen, eine perfekte Form europäischer Demokratie zu konzipieren, ohne zu einem befriedigenden Ergebnis zu gelangen. Tatsache ist, dass die primären Quellen demokratischer Legitimation in Europa die direkt gewählten und repräsentativen Institutionen der Nationen Europas sind – die nationalen Parlamente und Regierungen. Das bedeutet nicht, dass Europa nicht eines Tages starke Institutionen haben wird (...). Und es darf keinen Zweifel geben: Nationen wie Polen, die so hart gekämpft haben, um Staatlichkeit zu bekommen, deren Bürger deswegen ihr Blut vergossen haben, werden sie nicht so leicht aufgeben. (...) Europa ist ein Europa freier, unabhängiger souveräner Nationen, die diese Souveränität bündeln mögen (...). Ein solches Europa kann mit seiner wirtschaftlichen und politischen Stärke eine Supermacht sein; eine Supermacht, aber kein Superstaat.

Tony Blair: Rede in der Polnischen Börse vom 6. Oktober 2000, http://www.britischebotschaft.de/de/news/items/001006.htm

Fragen und Anregungen

1. Erläutern Sie die Bedeutung des Maastrichter Vertrags für die europäische Integration. (VT, M1, M3, M5 und M6)
2. Stellen Sie die Vor- und Nachteile der Einführung des Euro tabellarisch zusammen und versuchen Sie die Einführung des Euro zu bewerten. (VT, M2 und M4)
3. Zeigen Sie die gegensätzlichen Stellungnahmen Blairs und Fischers auf und diskutieren Sie, ob das vereinigte Europa eine Verfassung benötigt. (M8 und M9)
4. Diskutieren Sie in der Klasse, ob Sie sich stärker als „Deutsche" oder als „Europäer" fühlen und klären Sie, was Sie mit den Zuordnungen verbinden. (VT, M5 und M7)

4. Ethnische und nationale Konflikte – Bürgerkrieg in Jugoslawien

1945 Der kommunistische Partisanenführer Tito proklamiert die Föderative Volksrepublik Jugoslawien.

1991 Gegen die Unabhängigkeitserklärungen Sloweniens und Kroatiens interveniert die jugoslawische Bundesarmee: Der Bürgerkrieg beginnt.

1998 Serbien greift die Provinz Kosovo an und löst eine Massenflucht der Bevölkerung aus.

1999 Die NATO greift gegen die Serben in den ethnischen Konflikt zwischen Albanern und Serbien im Kosovo ein.

M 1 Flüchtlinge aus der Provinz Kosovo, 1999

Das Ende des Ost-West-Konflikts bot dem europäischen Einigungsprozess die Chance, auch ehemalige Staaten des Ostblocks aufzunehmen und damit ein friedliches Zusammenleben mit ihnen zu ermöglichen. Andererseits führte die Auflösung des Ostblocks und der ehemaligen Sowjetunion aber auch zu Rivalitäten der Nachfolgestaaten und zum erneuten Ausbruch scheinbar überwundener nationaler Konflikte – so besonders in Jugoslawien.

„Ethnische Gemengelage"

Der am Ende des Ersten Weltkrieges nach der Auflösung der Österreichisch-Ungarischen Monarchie entstandene Staat Jugoslawien umfasste Serbien (mit den Provinzen Kosovo und Wojwodina), Montenegro, Kroatien, Slowenien, Bosnien, Herzegowina und Makedonien. In diesen Ländern lebten die Balkanvölker fast durchweg in einer ethnischen Gemengelage, die nationalstaatlich oder territorial keine klaren Grenzen aufwies. Die im 19. Jahrhundert in West- und Mitteleuropa aufgekommene Idee des Nationalstaates hatte zudem bei den Balkanvölkern schon zur Zeit der Unabhängigkeitskämpfe gegen die frühere osmanische Herrschaft einen starken Widerhall gefunden. Serbien sah sich z.B. als nationale und ethnische Keimzelle eines Großserbischen Reiches, Kroatien als römisch-katholische Schutzmauer gegenüber der serbisch-orthodoxen Kirche und dem Islam. Auseinandersetzungen waren damit vorprogrammiert.

Schwelende Konflikte

Dies zeigte sich auch während des Zweiten Weltkriegs, als Jugoslawien – vor allem von deutschen sowie italienischen Truppen besetzt – unter den verbündeten Staaten Deutschland, Italien, Ungarn und Bulgarien aufgeteilt war. Kroatien dagegen erhielt 1941 unter dem faschistischen Ustascha-Regime den Scheinstatus der Unabhängigkeit, was die Verfolgung der serbischen Bevölkerung des Landes zur Folge hatte. Gegen die Besatzungsmächte sowie das kroatische Ustascha-Regime bildeten sich schon bald verschiedene Widerstandsgruppen, die sich aber auch gegenseitig grausam bekämpften. Trotz des gemeinsamen Kampfes gegen die Besatzung kostete dieser Bruderkampf etwa 1 Million Menschen das Leben. Dennoch gelang es den Partisanengruppen, sich ohne sowjetische Hilfe von den Besatzungstruppen zu befreien und damit eine Besetzung durch die Sowjetunion zu vermeiden.

Nach dem Ende des Zweiten Weltkrieges proklamierte der kommunistische Partisanenführer Tito 1945 die Föderative Volksrepublik Jugoslawien, die einen eigenständigen Weg zum Sozialismus suchte und dabei den Bruch mit der Sowjetunion nicht scheute. Nicht zuletzt auf diesem sozialistischen „Sonderweg“, zusammengehalten durch die sowjetische Bedrohung, gelang es Tito, die weiterhin existierenden ethnischen Konflikte in Schach zu halten, wenn er auch die Probleme nicht lösen konnte. Als die Bedrohung durch den Niedergang der Sowjetunion abnahm, brachen die alten Gegensätze wieder verschärft auf.

Bürgerkrieg ...

Fünf Jahre nach Titos Tod, 1980, zeigten sich in Jugoslawien unverkennbar erste Autonomiebestrebungen vor allem bei den wirtschaftlich stärkeren Teilrepubliken Slowenien und Kroatien, die Reformen hin zu pluralistischer Demokratie und Marktwirtschaft anstrebten. Sie gaben sich eigene Verfassungen, führten freie Wahlen durch und erklärten sich 1991 für unabhängig. Wenig später folgten Bosnien sowie die Herzegowina und schließlich auch Makedonien. Gegen die beginnende Auflösung des jugoslawischen Staatsverbandes setzte der Präsident der führenden Teilrepublik Serbien, Slobodan Milošević, die Bundesarmee und Freiwillige ein: zuerst in Slowenien, dann in Kroatien und in Bosnien sowie in der Herzegowina. Ein blutiger Bürgerkrieg begann, der sämtliche Republiken erfasste, und in dem Serbien eine Ausdehnung des von ihm beherrschten Territoriums gelang.

... und „ethnische Säuberungen“

Der Krieg verschärfte sich, als sich die territorialen Machtfragen mit ethnischen und religiösen Konflikten vermischten. „Ethnische Säuberungen“ führten zur Vertreibung von Millionen Menschen aus ihren Städten und Dörfern: Muslime, Kroaten und Serben aus der Krajina, Slawonien und Bosnien-Herzegowina, aber auch Albaner aus der Provinz Kosovo und Ungarn aus der Wojwodina. Folterungen und Hinrichtungen waren an der Tagesordnung, hunderte Orte fielen in Schutt und Asche oder wurden geplündert. Vor allem das Vorgehen der Serben gegen die zu 90 Prozent von muslimischen Albanern bewohnte serbische Provinz Kosovo rief die NATO auf den Plan. Sie griff 1999 in einer in der Öffentlichkeit Europas und den USA umstrittenen Aktion mit Bombern und Raketen ganz Serbien an und besetzte die Provinz Kosovo. Eine internationale Streitmacht von „Blauhelmen“ (KFOR) versucht seitdem dort den Frieden zu sichern, konnte aber erneute Menschenrechtsverletzungen nicht verhindern. 2008 erklärte Kosovo seine Unabhängigkeit, die von vielen Staaten der UNO, nicht aber von dem von Russland unterstützten Serbien anerkannt wurde. Daher bleiben weiterhin viele Fragen offen.

M2 Bürgerkrieg in Jugoslawien
Jahrzehnte lebten die Menschen friedlich zusammen, im Bürgerkrieg wurden sie zu erbitterten Feinden.

M3 „... dem Genozid ausgeliefert“?

Resolution des Zweiten Kongresses der serbischen Intellektuellen über die serbische Frage (1994):

Seit der Abspaltung Sloweniens, Kroatiens, Makedoniens sowie Bosniens und Herzegowinas von der Sozialistischen Föderativen Republik Jugoslawien ist die serbische Frage wieder offen, da die serbischen Länder unter den neuen Staaten aufgeteilt sind und das serbische Volk entrechtet und erneut dem Genozid ausgeliefert ist. Ausrottung serbischer Familien, Vernichtung serbischer Häuser und allen Eigentums, von Friedhöfen und Kirchen sind ein Bestandteil des Angriffs auf das serbische nationale Wesen. Dieser Angriff ist weder unerwartet noch neu: Dies ist das dritte Mal (1914–1918, 1941–1945, seit 1991) in diesem Jahrhundert, dass dieselben alten Feinde, unterstützt von einigen neuen, den serbischen Volkskörper zerstückeln und ihn in naher Zukunft zu vernichten versuchen.

Die internationale Gemeinschaft, verkörpert in der Organisation der Vereinten Nationen und in der Europäischen Union, hat (...) dem serbischen Volk das Selbstbestimmungsrecht verweigert. (...) Dem serbischen Volk ist der Krieg aufgezwungen worden. (...) Die Lösung der serbischen Frage ist ausschließlich möglich durch Anwendung derselben Rechte und Prinzipien, die auch anderen Völkern die Bildung eigener Staaten ermöglicht haben. Deswegen fordern wir, dass auch den Serben ermöglicht wird, auf ihrem ethnischen Raum einen modernen demokratischen Rechtsstaat aufzubauen. (...) Es gibt keine Alternative zum Staat des serbischen Volkes.

Rezolucija Drugog kongresa srpskih intellektualaca o sprskom pitanju danas (Resolution des Zweiten Kongresses serbischer Intellektueller über die serbische Frage heute), in: Republika, Nr. 91, 1.–15. Mai 1994, S. 20. Abgedruckt in deutscher Sprache: Osteuropa 11/1994, S. 646-647.
Nach: Karl-Heinz Gräfe, Der Balkan – Pulverfass Europas?, Tempora, Quellen zur Geschichte und Politik, Verlag Klett, S. 67.

M5 „Ethnische Säuberungen“ im Kosovo

Über die Situation Anfang der 90er Jahre im Kosovo berichtet die Osteuropareferentin der Gesellschaft für bedrohte Völker, Felicitas Rohder:

M4 Der Zerfall Jugoslawiens 1991–1998

M6 NATO-Angriff im Kosovo, 1999

Für die Albaner auf dem „heiligen serbischen Boden" Amselfeld ist der Ausnahmezustand seit Jahren bedrückender Alltag. (...) Das Belgrader Regime setzt auch ohne offenen Krieg sein Programm für die Schaffung eines „ethnisch reinen Großserbien" im Kosovo durch. (...) 100 000 Albaner haben in den letzten zwei Jahren ihren Arbeitsplatz verloren. Jeder von ihnen hat Familie: Eine halbe Million Menschen im Kosovo sind damit von diesen Entlassungen betroffen. 250 000 bis 400 000 Albaner haben ihre Heimat Kosovo verlassen – durch Polizeiterror, Misshandlungen, Schauprozesse, Hausdurchsuchungen, Raub und Mord auf offener Straße eingeschüchtert, durch Entlassungen, willkürliche Beschlagnahmungen und Kündigungen ihrer Wohnungen ihrer Existenz beraubt. (...) Mit der Serbisierung des Bildungswesens und der Verbannung alles Albanischen aus dem öffentlichen Leben soll die nachwachsende Generation umerzogen und damit allmählich das Gedächtnis des albanischen Volkes im Kosovo ausgelöscht werden: die Erinnerung an Muttersprache, Geschichte und Herkunft. (...)

Seit dem Sommer 1992 werden im Kosovo verstärkt serbische Zuwanderer und Flüchtlinge von den Kriegsschauplätzen in Bosnien-Herzegowina und Kroatien angesiedelt. (...) 5 000 Wohnungen sollen neu gebaut und nur Serben und Montenegrinern zur Verfügung gestellt werden.

Luchterhand Flugschrift 5: „Ethnische Säuberung" – Völkermord für „Großserbien". Eine Dokumentation der Gesellschaft für bedrohte Völker. Herausgegeben von Tilman Zürich, Hamburg/Zürich 1993, S. 157–158.
Nach: Karl-Heinz Gräfe, Der Balkan – Pulverfass Europas?, Tempora, Quellen zur Geschichte und Politik, Verlag Klett, S. 68.

M7 Kosovo 1999: ein gerechter Krieg?

7a „Panzer und Artillerie gegen unbewaffnete Zivilisten"

US-Präsident Clinton in einer Rundfunkansprache an das serbische Volk zum Angriff der NATO auf Serbien (März 1999):

Er (der serbische Präsident Miloševič, d. Verf.) hat Bosnien und Kroatien mit sinnlosen Kriegen überzogen, die erst nach großem Blutvergießen nach allen Seiten beendet wurden, und er hat einen grausamen Feldzug gegen die albanische Bevölkerung im Kosovo gestartet. Es handelt sich hier nicht nur um einen Krieg gegen bewaffnete Verbände des Kosovo, sondern um eine Gewaltkampagne, in deren Verlauf Panzer und Artillerie gegen unbewaffnete Zivilisten eingesetzt wurden. Jeder achte Bewohner des Kosovo ist vertrieben worden. (...) In diesem Moment zwingt er Ihre Söhne, in einem sinnlosen Konflikt zu kämpfen, den Sie nicht haben wollten und den er hätte verhindern können. (...)

Frankfurter Allgemeine Zeitung vom 27. März 1999. S. 4.

7b „Welcher Tote ist ein guter und welcher ein böser Toter?"

Der ungarische Schriftsteller György Konrad meint dazu 1999:

Die gutwillige Einmischung der NATO hat mit dem Anspruch, das Morden zu stoppen, noch mehr Morden bewirkt. Nachdem NATO-Bomben auf der Flucht befindliche albanische Zivilisten getötet hatten, brachten die zuständigen Sprecher ihr Bedauern darüber zum Ausdruck. Im Fall serbischer Zivilisten unterblieben diese Beileidsbekundungen oder erfolgten recht tonlos. Welcher Tote ist ein guter und welcher ein böser Toter? (...) Bomben sind das Mittel für einen Krieg zwischen den Staaten und nicht für die Rettung von Menschen.

Frankfurter Allgemeine Zeitung vom 30. April 1999. S. 31.

7c „Aber was hätten wir tun sollen"?

Der damalige Bundesaußenminister Joschka Fischer sagte in einem Interview am 19. Juli 1999:

In der zentralen Frage war ich nicht zerrissen: Miloševič darf sich mit seiner nationalistischen, faschistischen Politik nicht durchsetzen, und wenn es notwendig ist, muss dagegen mit der Waffe gekämpft werden (...). Wir haben dort militärisch eingegriffen, weil Verbrechen gegen die Menschlichkeit in unserer unmittelbaren Nachbarschaft passiert sind und dadurch die Sicherheit in Europa gefährdet war. (...)

Aber was hätten wir im März tun sollen, als Miloševič das Kosovo ethnisch säuberte? Hätten wir die Hände

M 8 Blutbad im Dorf Racak (Bosnien)
Im Januar 1999 wurden dort 45 Leichen von Kosovo-Albanern in Zivilkleidern entdeckt. Die Bilder gingen um die Welt.

in den Schoß legen und den Kosovo-Albanern sagen sollen: Tut uns Leid, wir würden euch ja gern helfen, aber wir kriegen keinen Sicherheitsratsbeschluss? In was für einer Welt leben wir eigentlich?

Aus einem Interview mit Bundesminister Joschka Fischer zum Kosovo (Auszüge), „tageszeitung", 19. Juli 1999. Zit. nach: www.auswaertiges-amt.de/www/de/ausgabe_archiv?archiv_id=874 (das PDF zum Download) (17. 10. 2004)

M 9 Keine Chancen für eine multikulturelle Gemeinschaft?

Dazu äußerte sich 1994 der Südosteuropahistoriker Sundhausen am Beispiel von Bosnien-Herzegowina:

Theoretisch hätte Bosnien-Herzegowina ein Nationalstaat werden können. Doch dies hätte die Konstruktion einer bosnischen Nation als Voraussetzung gehabt. (...) doch die Realisierungschancen standen schlecht, nachdem der Nationsbildungsprozess bei Serben und Kroaten bereits zu Anfang des 20. Jahrhunderts bzw. in der Zwischenkriegszeit die Endphase erreichte und damit den Weg zu einer bosnischen Nation blockierte. Als Ausweg bot sich die multikulturelle Gesellschaft an. Und diese war angesichts der Gemeinsamkeiten von Sprache, Herkunft, Heimatverbundenheit und historischen Erfahrungen keineswegs chancenlos. Die von Nationalisten aller Lager seit mehreren Jahren suggerierte Vorstellung, die Menschen in Bosnien-Herzegowina hätten während der vergangenen Jahrzehnte nur in mühsam unterdrücktem Hass miteinander gelebt, gehört ins Reich der Legenden. Namentlich in den Städten konnte sich eine multikulturelle Gesellschaft formieren. Die Angehörigen der verschiedenen nationalen Gruppen haben nicht nur miteinander gelebt, sondern auch untereinander Freundschaften und Ehen geschlossen. Etwa jeder zweite bis dritte Bewohner Bosnien-Herzegowinas besitzt in seiner engeren Verwandtschaft mindestens einen Angehörigen „anderer" Nationalität.
Seit Beginn der 90er Jahre haben die Nationalisten (insbesondere aus dem serbischen und kroatischen Lager) alles unternommen, um die multikulturelle Gesellschaft wieder auseinanderzusprengen. (...)
Die Gewaltsamkeit dieses Prozesses hat mit „balkanischer Mentalität" oder spezifisch „balkanischer Gewaltbereitschaft" nur wenig zu tun. Viele Indizien sprechen dafür, dass es von Anfang an um kalkulierte Gewalt ging.

Holm Sundhausen: „Unzeitgemäße" Identität? In: Ost-West-Informationen, Nr.1/ 1994, Graz 1994, S. 13.
Nach: Karl-Heinz Gräfe: Der Balkan – Pulverfass Europas? Tempora, Quellen zur Geschichte und Politik, Verlag Klett, S. 81 f.

Fragen und Anregungen

1. Erläutern Sie anhand von M3 und der Karte M4, welche Schwierigkeiten mit der Gründung autonomer Staaten „auf ihrem ethnischen Raum" verbunden sind.
2. Arbeiten Sie die Argumente heraus, mit denen in M3 und M5 die unterschiedlichen Positionen begründet werden.
3. Diskutieren Sie anhand von M1 und M6–M8 das Pro und Contra des NATO-Angriffs auf Serbien.
4. Fassen Sie zusammen, welche Möglichkeiten, aber auch Schwierigkeiten eines friedlichen Zusammenlebens der Menschen in einer multikulturellen Gesellschaft in M9 dargestellt werden.

5. Konfliktherd Naher Osten

1948/1956/1967/1973	In mehreren Kriegen kämpft der Staat Israel um seine Existenz.
1979	Israel schließt ein Friedensabkommen mit Ägypten.
1987	Die erste Intifada in den von Israel besetzten Palästinensergebieten beginnt.
2000	Die zweite Intifada beginnt nach dem Scheitern der Verhandlungen um einen unabhängigen Palästinenserstaat.

Schon seit seiner Gründung im Jahre 1948 kämpfte der Staat Israel um sein Bestehen. Die arabischen Staaten und die Palästinenser (die in Israel lebenden Araber) bestritten sein Existenzrecht und versuchten, den jungen Staat – teilweise mit Waffengewalt – auszuschalten. Das führte zu mehreren blutigen Kriegen Israels gegen die Nachbarstaaten, aber auch zu einem ständigen Kampf gegen die Palästinenser im Inneren des Landes. In diesen Auseinandersetzungen erhielt Israel häufig die Unterstützung der USA und der europäischen Staaten.

Ende der 1960er Jahre hatte Israel seine Lage durch den Sieg im sogenannten Sechs-Tage-Krieg erheblich verbessert, sich als militärisch höchst effektiv erwiesen und große Gebiete erobert. Mit diesen Landstrichen als Pfändern wollte man den Frieden und die Anerkennung des Staates durch die Nachbarn erreichen. Nach dem Sechs-Tage-Krieg veränderte sich auch die Haltung vieler Palästinenser. Sie hatten geglaubt, nur ruhig abwarten zu müssen, bis die arabischen Staaten Israel in einem Krieg besiegten. Deren rasche Niederlage hatte jedoch gezeigt, dass es sich dabei um Wunschträume handelte. Deshalb verstärkten militante palästinensische Befreiungsorganisationen ihre Guerillatätigkeit gegen Israel. Das Palästinenserproblem belastete damit auch die arabischen Staaten.

Für die Weltmächte rückte der Sechs-Tage-Krieg den Nahen Osten weiter ins Blickfeld: Die USA bauten ihre Kontakte zu Israel im Rahmen einer strategischen Partnerschaft aus, mit dem Ziel, die Sowjetunion aus der Region zu verdrängen. Die Sowjetunion unterstützte im Gegenzug die arabischen Staaten mit umfangreichen Waffenlieferungen.

Am 6. Oktober 1973, dem jüdischen Versöhnungsfest („Yom-Kippur"), begann der sogenannte Yom-Kippur-Krieg durch einen ägyptisch-syrischen Überraschungsangriff. Nach anfänglichen schweren Niederlagen der israelischen Armee gelang es dieser schließlich, die Angreifer zurückzuschlagen. Trotzdem hatte dieser Krieg Israel seine eigene Verwundbarkeit deutlich gemacht. Die ständig notwendige Verteidigungsbereitschaft und deren Kosten belastete die wirtschaftliche und soziale Lage des Landes schwer. Auf US-amerikanische Vermittlung hin gab es erste Entspannungsversuche im Verhältnis zu Ägypten. Als im November 1977 der ägyptische

M 1 Israel 2007

Staat Israel
seit 1967 von Israel besetztes Gebiet
zeitweilig kontrollierte Sicherheitszone
wichtige israelische Siedlungen in den besetzten Gebieten
palästinensisches Autonomiegebiet laut Abkommen vom 4. 5. 1994
von den Israelis 2005 geräumtes Gebiet
von Israel errichtete Sperranlage:
bereits fertiggestellt
in Bau

Präsident Anwar al Sadat auf Einladung des Ministerpräsidenten Menachem Begin Jerusalem besuchte, begannen Friedensverhandlungen. Gefördert wurden diese durch den amerikanischen Präsidenten Carter, der im September 1978 Sadat und Begin nach Camp David einlud. Dort einigten sich beide Seiten auf Rahmenbedingungen für einen Frieden zwischen ihren Ländern. Für den am 26. März 1979 unterzeichneten Vertrag erhielten Carter, Sadat und Begin den Friedensnobelpreis. Im Zuge des Vertrages gab Israel 1982 – nach dem Prinzip „Land gegen Frieden“ – die Gebiete am Sinai an Ägypten zurück. Wegen des Friedensschlusses mit Israel wurde Ägypten aus der Arabischen Liga ausgeschlossen, Präsident Sadat von muslimischen Terroristen ermordet. Bis heute (2007) kam es nur zu einem weiteren Friedensabkommen, nämlich mit Jordanien (1994). Mit den anderen arabischen Staaten, v. a. Syrien und dem Libanon, gibt es noch keine Vereinbarungen, was hauptsächlich an der Weigerung Israels liegt, strategisch wichtige Gebiete zu räumen.

Der Kampf der Palästinenser

Die 1964 gegründete PLO (Palestinian Liberation Organization) fasste zahlreiche palästinensische Gruppen zusammen und sah sich selbst als politische Vertretung der Palästinenser. Seit 1969 war Yassir Arafat ihr Anführer. Die PLO und die ihr angeschlossenen palästinensischen Organisationen führten ihre Kämpfe nicht nur in Israel bzw. den besetzten Gebieten durch, sondern benutzten die arabischen Nachbarstaaten als Basis für Angriffe auf israelische Gebiete. Deshalb kam es in den folgenden Jahren zu zwei israelischen Invasionen in den Libanon (1978, 1982 mit der Einnahme der Hauptstadt Beirut). Der anhaltende Terror der Palästinenser, z. B. 1972 der Anschlag auf die israelische Olympiamannschaft in München, führte jedoch auch dazu, dass sich immer mehr arabische Staaten von den Aktionen der PLO distanzierten. In den 1980er Jahren schien die palästinensische Sache festgefahren und wegen des Golfkrieges zwischen Iran und Irak in Vergessenheit zu geraten. Auf Grund der immer noch andauernden israelischen Besetzung des Westjordanlandes und des Gazastreifens, begannen die Palästinenser 1987 die sogenannte Intifada (arab.: sich erheben zum Zweck der Abschüttelung). In den folgenden Jahren kam es zu zahlreichen blutigen Widerstandsaktionen und Massendemonstrationen der Palästinenser in den besetzten Gebieten.

M 2 Der ägyptische Präsident Anwar al Sadat
Er wagte 1977 den ersten Schritt zur Aussöhnung zwischen Arabern und Juden. Informieren Sie sich genauer über Sadats Beitrag zum Friedensprozess.

Mit dem Ende des Kalten Krieges änderte sich die Lage im Nahen Osten. Der Ausfall der Sowjetunion als Partner der arabischen Staaten und der Versuch der USA, eine neue Friedensordnung zu schaffen, führte zu sehr langen und schwierigen, teils geheimen Verhandlungen zwischen den Palästinensern und Israel (sogenannter Oslo-Friedensprozess). 1994 erfolgten im Gaza-Jericho-Abkommen die gegenseitige Anerkennung und Vereinbarungen über eine schrittweise Autonomie der besetzten Gebiete im Westjordanland und im Gazastreifen. 1995 unterzeichneten der israelische Ministerpräsident Yitzhak Rabin und der PLO-Vorsitzende Yassir Arafat ein Abkommen. Darin waren die Erweiterung der palästinensischen Selbstverwaltung und ein israelischer Rückzug aus den großen palästinensischen Siedlungsgebieten im Westjordanland vorgesehen.

Der zögerliche Weg zum Frieden wurde durch Extremisten von beiden Seiten gestört: Anschläge palästinensischer Terrorgruppen auf jüdische Zivilisten häuften sich und am 4. November 1995 wurde Yitzhak Rabin auf einer Friedenskundgebung mit mehr als 100 000 Besuchern von einem jungen jüdischen Extremisten ermordet. Unter Rabins Nachfolgern Netanjahu, Barak und Sharon stagnierte der Friedensprozess: Der Rückzug der israelischen Armee aus den besetzten Gebieten stockte und die israelische

M3 Der Sprung über den eigenen Schatten
(Karikatur von Karl-Heinz Schoenfeld, 1993)
Die Karikatur entstand anlässlich des bevorstehenden Abkommens über die palästinensische Autonomie in Jericho und im Gazastreifen.
Beschreiben Sie die Karikatur und deuten Sie ihre Aussage.

Regierung trieb den Bau neuer jüdischer Siedlungen auf palästinensischem Territorium voran, während der Terror der Gegenseite weiter ging. Im September 2000 begann die zweite, sogenannte Al-Aqsa-Intifada. Als Antwort darauf brach die israelische Regierung den Kontakt zu Arafat ab, den sie für den Terror verantwortlich machte und stellte ihn in seinem Hauptquartier in Ramallah praktisch unter Hausarrest. Außerdem begann im Juni 2002 die Errichtung einer Trennmauer zum Westjordanland, die Terroristen an der Einreise nach Israel hindern sollte. Die Al-Aqsa-Intifada kostete durch palästinensische Selbstmordattentate und israelische Gegenmaßnahmen bis 2005 mehreren tausend Menschen das Leben. Vermittlungsversuche der UNO, der USA, der EU und Russlands (sogenanntes „Nahost-Quartett") scheiterten.

Kein Ende der Gewalt?

Der Friedensprozess kam erst nach dem Tode Yassir Arafats im November 2004 wenigstens teilweise wieder in Gang. Anfang Februar 2005 unterzeichneten der israelische Ministerpräsident Ariel Scharon und der Vorsitzende der palästinensischen Autonomiebehörde und Arafat-Nachfolger Mahmud Abbas einen Waffenstillstand, der die zweite Intifada offiziell beendete. Im Sommer 2005 erfolgte nach 38 Jahren der völlige Abzug des israelischen Militärs und der jüdischen Siedler aus dem Gaza-Streifen. Der Sieg der extremistischen und radikalislamischen Palästinenserorganisation Hamas bei den Wahlen zum palästinensischen Parlament im Januar 2006 verschärfte jedoch die Lage erneut. Da die Hamas das Existenzrecht Israels bestreitet und Friedensvereinbarungen ablehnt, verweigerten die israelische Regierung, die EU und die USA eine Zusammenarbeit mit einer von der Hamas geführten Regierung und verhängten Sanktionen. Ende des Jahres 2006 eskalierte auch der innerpalästinensische Machtkampf zwischen Fatah und Hamas in blutigen Auseinandersetzungen ihrer Anhänger. Zwar kam es Anfang Februar 2007 zwischen den Anführern beider Gruppen zu einer Einigung und einer gemeinsamen Regierungsbildung, doch hielt diese Verständigung nur kurze Zeit. Bürgerkriegsähnliche Kämpfe führten zu einer Spaltung: Die PLO mit Abbas konnte sich im Westjordanland behaupten, während die Hamas den Gaza-Streifen kontrolliert. Der Friedensprozess kann nur fortgeführt werden, wenn die palästinensischen Gruppierungen wieder zueinander finden und Palästinenser und Israelis der jeweils anderen Seite das Recht auf einen eigenen Staat zugestehen.

M4 Terror und Gegenterror
Links: Opfer und Helfer nach einem Selbstmordattentat auf die Besucher einer Diskothek in Tel Aviv, 2001; rechts: israelische Soldaten schießen auf arabische Jugendliche, 2002.

M5 Ich schäme mich

Ein 16-jähriger gescheiterter Selbstmordattentäter erklärte einem Reporter:

Um gleich am Anfang eines klarzustellen: Ich schäme mich. (...) Ich schäme mich, dass ich noch am Leben bin und es mir nicht gelungen ist, Dutzende Juden in den Tod zu reißen. (...) Ich war noch nie drüben. Das Land unserer Feinde, unserer Okkupanten, interessiert mich nicht. (...) Mein Bezugspunkt ist Jerusalem, wo unsere Familie ihre Wurzeln hat. (...) Dann wurden zwei meiner Klassenkameraden erschossen. Ich beobachtete, wie mein bester Freund im Kugelhagel starb, das Blut spritzte aus seinem Bauch auf die Straße und aus dem kleinen Rinnsal wurde ein tiefroter Bach, der zum Marktplatz hinunterfloss. (...) Ich sah es mit meinen eigenen Augen. Es war, als wir Steine gegen ihre Panzer warfen, damals, als ich zwölf war. (...) Ich habe (vor dem Attentatsversuch) gut geschlafen. Ich war mit mir im Reinen – ich wusste, ich tat das Richtige. Allah ist die Gegenwart, Allah ist die Zukunft, und ich weiß, ER versteht mich. (...) Meine Mutter (...) hat nicht ganz begriffen, warum es sein musste. (...) Sie hat geweint, als sie von meinem Selbstmord-Opferplan hörte. Die Israelis haben danach unser Haus von Planierraupen einreißen lassen – die denken, so was ist eine Strafe, dabei ist es für uns eine Ehre. Ich höre, meine Mutter empfindet jetzt auch nur noch Hass für die Besatzer. Sie ist dabei zu lernen.

Nach: Erich Follath, Ich schäme mich, am Leben zu sein, in: Spiegel Special. Terror: Der Krieg des 21. Jahrhunderts. Hamburg 2004, S. 105 ff.

M6 Sperranlage zwischen Israel und dem Westjordanland

Die Einwohner der israelischen Stadt Kfar Saba betrachten die hohe Betonmauer als Schutzwall. „Wir leben jetzt in Frieden – ohne die ständige Angst vor Selbstmordanschlägen", sagt der 52-jährige Meir Toledano. Für die Palästinenser im einen Kilometer jenseits der Mauer gelegenen Kalkilija ist die Sperranlage dagegen ein Fluch. „Ich würde sie mit meinen eigenen Zähnen niederreißen, wenn ich nur könnte", sagt der 40-jährige Mohammed Hanini.

Nach: Stern. Artikel vom 20. Februar 2004 http://www.stern.de/politik/ausland/index.html?id=520550&nv=cb

M 7 Lied, gesungen von Kindern radikaler jüdischer Siedler aus Hebron

Alle Welt hasst die Araber,
Und das Wichtigste ist:
Einen nach dem anderen zu töten.
Mit diesen Füßen trat ich meinen Feind,
Mit diesen Zähnen zerbiss ich ihre Haut,
Mit diesen Lippen leckte ich ihr Blut.
Aber noch immer habe ich
mich nicht genug gerächt.

Aus der ARD-Sendung „Hebron: Nach dem Massaker" vom 26. Februar 1994. Nach: Joachim Hundertmark-Dinkela, Bernhard Lilienthal (Hrsg.): Der Nahe Osten. Konfrontation oder Koexistenz (Geschichte und Politik – Unterrichtsmaterialien), Frankfurt a. M. 1995, S. 159 f.

M 8 Das West-Eastern Divan Orchestra

1999 fassten der israelische Dirigent und Pianist Daniel Barenboim und der mittlerweile verstorbene palästinensische Intellektuelle Edward Said den Entschluss, ein Orchester zu gründen, in dem junge Menschen aus Israel, Palästina und den arabischen Staaten des Nahen Ostens miteinander musizieren.

M 9 Was bedeutet Toleranz?

Rede Daniel Barenboims anlässlich der Verleihung der Buber-Rosenzweig-Medaille 2004:

I was born in Argentina. I then moved to Israel at the age of ten together with my family, and like other young people of my generation, I perceived the history of the Israeli-Palestinian Conflict as it was told to us back then. Of course, the tale told in Israel was quite different from the one told in the Arab world. Today we know that both of them are false. (...) Like music, history requires no interpretations. Yet both of them need an honest, albeit sometimes painful narrative (...). But this is only one chapter of the story, the other is the conflict between Israel and Palestine. No conflict should be considered as normal, and this one is especially horrid, because it is eating up both sides from the inside (...). We already learned about this principle from the French Revolution; yet, prior to Fraternity came Freedom and Equality. In my eyes these three terms from the French Revolution are not only valid, they also appear in the right order and there are many people in that region that don't have Freedom, and many more that don't experience Equality. Thus, how does that allow us to speak about Fraternity? One often talks about the necessity to feel tolerance. But what is tolerance? I can tolerate someone that is equal to me, otherwise this would not be tolerance. Acceptance, maybe. Acceptance means to accept that someone can be different and perhaps, this is the reason why we managed to live together in such a good manner. Like different musicians sitting together in one orchestra. Just imagine everybody playing alike, those would be the most tiresome concerts in the world. But the acceptance that one is free to play differently is one of music's most important rules, and this we all need to learn, just as we must also learn that violence, which is being exerted all over the world, is unacceptable.

Bad Nauheim, Germany, March 2004, http://west-easterndivan.artists.warner.de/ (20. 07. 2007)

Fragen und Anregungen

1. Informieren Sie sich in der Bibliothek oder im Internet über den Lebenslauf von Arafat und ordnen Sie die biographischen Fakten zu einer tabellarischen Übersicht. Berücksichtigen Sie auch die Aussagen seiner Gegner und Befürworter.
2. Erarbeiten Sie die in den Materialien M4 bis M6 erkennbaren Motive für den Terror.
3. Betrachten Sie das Bild M6 und suchen Sie dann im Internet nach weiteren Bildern des israelischen Sperrzaunes. Überlegen Sie, warum beide Seiten den Zaun völlig kontrovers bewerten. Berücksichtigen Sie dabei auch M1.
4. Untersuchen Sie, wie Daniel Barenboim den Konflikt zwischen Palästinensern und Israelis bewertet. Welche Parallelen zieht er zur Musik? Was ist seiner Meinung nach die Voraussetzung für Frieden zwischen den Konfliktparteien? (M8 und M9)

6. Wächst die Welt zusammen? Aspekte der Globalisierung

Die Welt – ein globales Dorf?

Fährt man heutzutage in ferne Länder, kann man sich wie zu Hause fühlen, ganz gleich ob die Reise nach Marokko, Argentinien, China oder Indonesien führt: Überall gibt es das gute deutsche Bier, die gleichen Schnellimbissketten für Menschen, die beim Essen keine Experimente wollen, und Fernsehsender, die über das Geschehen in der Heimat informieren. Umgekehrt gehen wir in Deutschland wie selbstverständlich in indische oder thailändische Restaurants und kaufen in unseren Geschäften Kokosnüsse und australische Weine. Die Welt scheint zusammenzuwachsen, die Lebensumstände und -gewohnheiten sich anzunähern. Experten sprachen in diesem Zusammenhang etwas zugespitzt vom „globalen Dorf".

Globalisierung – die wirtschaftliche Seite

Der Begriff Globalisierung bezeichnet den weltumspannenden Abbau von nationalen Schranken für Handelswaren, Dienstleistungen und Kapital. Firmen sind im Zeitalter der Globalisierung nicht mehr nur auf begrenztem Gebiet tätig, sondern wollen „global players" sein. Im Produktionsprozess werden die Vorzüge internationaler Arbeitsteilung genutzt. Diese Entwicklung wurde einerseits begünstigt durch den rasanten Fortschritt im Bereich der Kommunikations- und Informationstechnologien, andererseits durch den Willen vieler Länder, auf wirtschaftlichem Gebiet intensiver zusammenzuarbeiten. Seit 1995 gibt es die WTO (World Trade Organization = Welthandelsorganisation), die die Liberalisierung des Welthandels weiter vorantreiben soll.

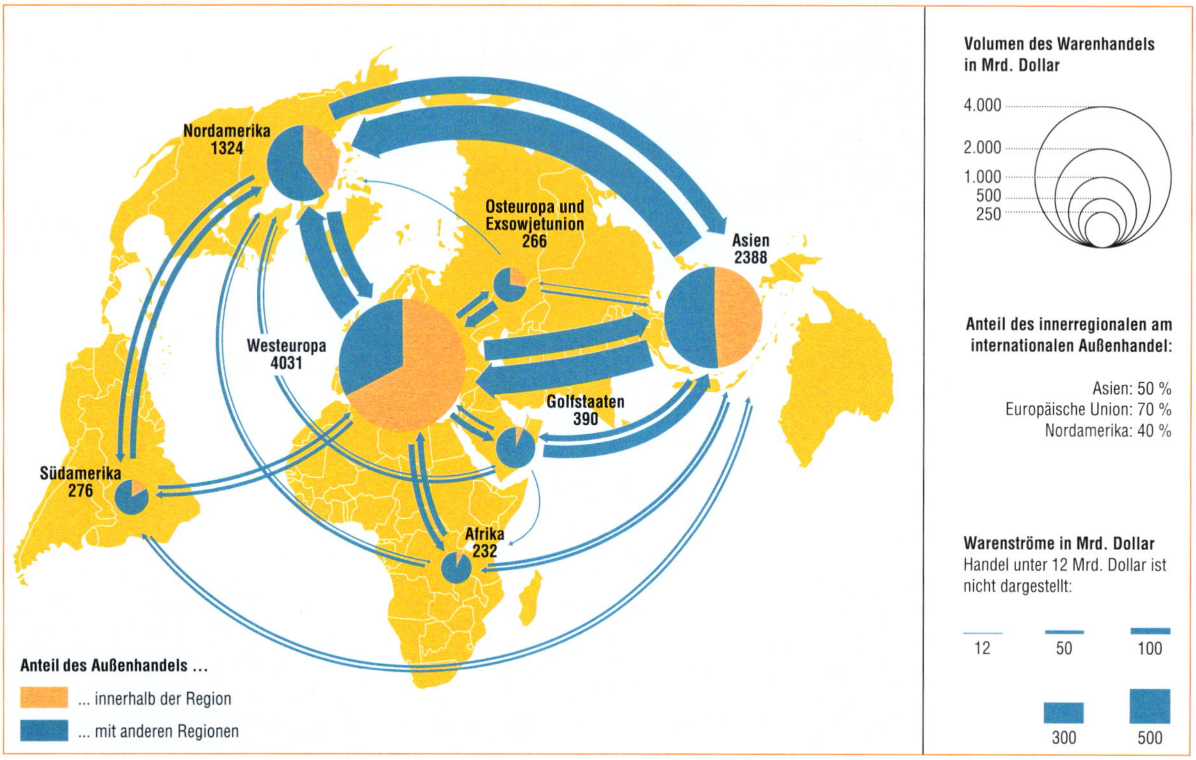

M1 Die Welthandelsströme
Die Karte zeigt die weltweite Verwobenheit des Handels.

Kritiker der Globalisierung bemängeln, dass von dem ungehinderten Warenverkehr fast nur die reichen Industrieländer profitierten. Schwächere Regionen hätten dagegen kaum eine Chance. Denn auf Gebieten, auf denen die ärmeren Länder den reichen Konkurrenz machen könnten, wie z. B. in der Landwirtschaft, werde der entsprechende Wirtschaftsraum durch Subventionen massiv unterstützt.

Weitere Felder der Globalisierung

Die Globalisierung entfaltet ihre Wirkungen aber nicht nur auf wirtschaftlichem Gebiet. Seit die weltweiten Grenzen nicht mehr starr und undurchlässig sind, gibt es mannigfache Probleme, die die Welt als Ganzes betreffen und nicht von einzelnen Nationen gelöst werden können. Hier nur einige Beispiele:
- das globale Umweltproblem
- die zukünftige Wasserknappheit
- der Kampf gegen Hunger und Armut
- die Ausbreitung von Krankheiten und Seuchen (Pandemien)
- die Migrationsbewegungen aus armen in reiche Länder
- der religiös motivierte Fundamentalismus
- der weltweit agierende Terrorismus

Die UNO will zunehmend auch kritische Nichtregierungsorganisationen (NROs, wie z. B. amnesty international, Greenpeace, Ärzte ohne Grenzen) mit einbeziehen, wenn es darum geht, auf die weltweiten Herausforderungen zu reagieren. Sind jedoch nationale Interessen betroffen, verweigern viele Regierungen noch zu häufig eine Politik der Nachhaltigkeit und der zukunftssichernden Kooperation.

Kulturaustausch

Selbstverständlich griffe es zu kurz, das Zusammenwachsen der Welt nur in einer Liste von Problemen zu beschreiben. Das Zusammentreffen verschiedener Lebenswelten und Kulturen kann fruchtbar und inspirierend sein. Dabei sollte es weniger darauf ankommen, dass sich die einzelnen Einflüsse bis zur Unkenntlichkeit vermischen, sondern eher darauf, den jeweils anderen besser kennenzulernen, um ihn zu verstehen. Formen des Kulturaustauschs gibt es viele. Deutschland präsentiert sich im Ausland z. B. durch die sogenannten Goethe-Institute. Bei uns findet man Organisationen wie die Deutsch-Arabische Gesellschaft (www.d-a-g.org) und die Deutsch-Afrikanische Gesellschaft (www.dafrig.de).
Auch die UNESCO (United Nations Educational, Scientific and Cultural Organization) tritt dafür ein, die weltweite kulturelle Vielfalt zu erhalten und zu schützen. Zu den Zielen der 1946 gegründeten Organisation zählt neben der Erhaltung des „Welterbes" – als solches gelten u. a. der Aachener Dom, Stonehenge oder das Great Barrier Reef – die Förderung der internationalen Zusammenarbeit in Bildung und Wissenschaft. Die UNESCO sieht darin einen Beitrag für die Aufrechterhaltung des Friedens in der Welt.

M 2 Zwei Formen von Kulturbegegnungen
Links: Disney-Vorstellung in Urayasu unweit von Tokio (Mickymaus im Kimono)
Rechts: Papst Benedikt XVI. in gemeinsamem Gebet mit dem Mufti von Istanbul, November 2006.

M 3 Globalisierung – Definition

Aus einem aktuellen Politiklexikon:

Globalisierung ist eine politisch-ökonomische Bezeichnung für den fortschreitenden Prozess weltweiter Arbeitsteilung.

Da die politisch gesetzten Handelsschranken zwischen den Staaten zunehmend abgebaut werden und der Produktionsfaktor Kapital weltweit mobil einsetzbar ist und weil ferner die neuen Kommunikationstechnologien grenzenlos angewendet werden können, wird zunehmend in solchen Staaten produziert, die die höchsten Kostenvorteile bieten.

Kennzeichnend für die Globalisierung ist, dass diese Kostenvorteile nicht nur für jedes Endprodukt (z. B. Fotokameras aus Singapur) gesucht werden, sondern für (nahezu) jedes Einzelteil, aus dem das Endprodukt besteht (bei einem Automobil z. B. von einzelnen Schrauben über einzelne Karrosserieteile und den Motor bis zu ganzen Baugruppen etc.). Der Prozess der Globalisierung erhöht damit entscheidend den Wettbewerbsdruck zwischen den einzelnen Unternehmen und hat darüber hinaus erhebliche Auswirkungen auf die Stabilität und Sicherheit der Arbeitsplätze.

Klaus Schuber, Martina Klein: Das Politiklexikon. 4. aktualisierte Auflage. Bonn 2006, S. 128.

M 4 Die Vision von einer neuen Welt

Der ehemalige Direktor des UN-Umweltprogramms, Klaus Töpfer, beschreibt die besondere Situation nach dem Ende des Kalten Kriegs:

Blicken wir zurück auf 1992 – das Jahr des „Erdgipfels" in Rio de Janeiro. Es war die erste globale Konferenz nach dem Fall der Berliner Mauer und dem Zusammenbruch der Sowjetunion. Getragen von der Euphorie der historischen Entwicklung wollte man gemeinsam eine neue Zukunftsdimension der Welt denken und ein Programm erarbeiten, das die Vision umsetzt: Frieden und gerechte Entwicklungschancen für alle Menschen, Respektierung der Menschenrechte, eine globale soziale Verantwortung, der Erhalt einer vielfältigen Natur und damit einer stabilen und leistungsfähigen Umwelt.

Die Euphorie von Rio rührte von der fast undiskutierten Gewissheit, dass man diese Visionen dank einer „Friedensdividende" realisieren könne. Die hunderte von Milliarden Dollar und Rubel, die zuvor für die Vernichtungspotenziale in Ost und West verjubelt wurden, sollten künftig helfen, die Armut abzubauen oder gar zu beseitigen und vor allem die Lebenschancen zwischen Nord und Süd sukzessive anzugleichen.

Klaus Töpfer: Für die Globalisierung der Nachhaltigkeit. In: Atlas der Globalisierung. Berlin 2006, S. 6.

M 5 Verteidigung der kulturellen Vielfalt

Aus der allgemeinen Erklärung der UNESCO:

Artikel 1 – Kulturelle Vielfalt: das gemeinsame Erbe der Menschheit

Im Laufe von Zeit und Raum nimmt die Kultur verschiedene Formen an. Diese Vielfalt spiegelt sich wider in der Einzigartigkeit und Vielfalt der Identitäten, die die Gruppen und Gesellschaften kennzeichnen, aus denen die Menschheit besteht. Als Quelle des Austausches, der Erneuerung und der Kreativität ist kulturelle Vielfalt für die Menschen ebenso wichtig wie die biologische Vielfalt für die Natur. Aus dieser Sicht stellt sie das gemeinsame Erbe der Menschheit dar und sollte zum Nutzen gegenwärtiger und künftiger Generationen anerkannt und bekräftigt werden (...).

Artikel 9 – Kulturpolitik als Katalysator der Kreativität

Kulturpolitik muss, ohne den freien Fluss von Ideen und Arbeiten zu behindern, Bedingungen schaffen, die die Produktion und die Verbreitung von unterschiedlichen Kulturgütern und kulturellen Dienstleistungen durch Kulturindustrien fördern, die über die Mittel verfügen, sich auf lokaler oder globaler Ebene zu behaupten.

http://www.unesco.de/pdf/deklaration_kulturelle_vielfalt.pdf

Fragen und Anregungen

1. Erklären Sie, wie die im VT und in M3 aufgeführte „internationale Arbeitsteilung" zu verstehen ist. Nennen Sie konkrete Beispiele.Nennen Sie weitere Gebiete von „Kulturbegegnungen". (VT, M2, M5)
2. Erläutern Sie die Karte M1. Gehen Sie dabei auf die Wirtschaftskraft der entsprechenden Regionen ein.
3. Nennen Sie die in M4 aufgeführten Ziele der Konferenz in Rio de Janeiro. Worauf gründete man nach Ansicht des Autors die Euphorie? Welche Ziele wurden Ihrer Meinung bis heute erreicht?
4. Geben Sie wieder, wie die UNESCO die Förderung kultureller Vielfalt und Förderung begründet. (M5)
5. Finden Sie weitere Beispiele für Formen positiven Kulturaustauschs. Stellen Sie verschiedene Beispiele oder Projekte in Ihrer Klasse vor. Diskutieren Sie, inwieweit internationale kulturelle Aktivitäten zum Frieden in der Welt beitragen können.

7. Der Schock von 9/11

Dass die Globalisierung nicht nur positiv wahrgenommen wird, kam schon im vorangegangenen Kapitel zur Sprache. Das Ende des Kalten Krieges mit seiner klaren Aufteilung in zwei ideologische Blöcke brachte eben nicht bloß neue Freiheiten für viele Menschen, sondern auch neue Konflikte. Auf dem Gebiet ehemals großer Staatengebilde wie Jugoslawien oder der UdSSR kam es zu Spannungen und Kriegen, die teilweise von einem neuen Nationalismus motiviert waren. Gleichzeitig wuchsen weltweit Strömungen, die in der Entwicklung der letzten Jahrzehnte vor allem eine „Verwestlichung" der Welt nach dem Vorbild der USA sahen, gegen die man sich wehren müsse.

Deswegen von einem bevorstehenden „Kampf der Kulturen" zu sprechen, wie es 1993 der amerikanische Politikwissenschaftler Samuel Huntington tat, ist wohl übertrieben. Schließlich lassen sich Länder mit unterschiedlichen politischen, wirtschaftlichen, religiösen und gesellschaftlichen Voraussetzungen nicht einfach auf einander feindlich gegenüberstehende Kulturen reduzieren (z. B.: „der" Westen und „die" islamische Welt). Dennoch muss man konstatieren, dass in einigen arabischen Ländern Teile der Bevölkerung Terroranschläge auf westliche Einrichtungen unverhohlen bejubelten. Das Gefühl, gegenüber den führenden Industrienationen wirtschaftlich auf der Verliererseite zu stehen, mag dazu beigetragen haben, dass radikale Islamisten, die einen Gottesstaat errichten wollen, vermehrt Zulauf bekamen.

M 1 **Attentat in New York, 11. September 2001**

Die Zahl insbesondre religiös-fundamentalistischer Terroranschläge ist seit den 90er Jahren rapide angestiegen, während die klassischen zwischenstaatlichen Kriege stark zurückgegangen sind. Die Terroristen bedienen sich dabei der modernen Medien (v. a. Internet) und unterhalten schwer fassbare Netzwerke in allen Teilen der Welt. Allgemein wird der Kampf gegen den weltweiten Terrorismus als die große Herausforderung zu Beginn des 21. Jahrhunderts gesehen.

Der 11. September

Die Attentate des 11. Septembers 2001 in den USA waren der Schock, der die Aufmerksamkeit der Weltöffentlichkeit auf die Bedrohung durch den Terrorismus lenkte. Mitglieder des islamistischen Terrornetzwerks al-Qaida hatten vier Verkehrsflugzeuge entführt. Zwei davon lenkten sie in die Türme des World Trade Centers in New York, eines brachten sie über dem Pentagon, dem amerikanischen Verteidigungsministerium bei Washington zum Absturz und das vierte zerschellte außerhalb bewohnter Gebiete in der Nähe Pittsburghs.

Die Folgen des 11. September

Knapp 3000 Opfer forderten die Anschläge des 11. September 2001. Den Betroffenen schlug eine Welle der Solidarität und Anteilnahme entgegen. Auf der ganzen Welt wurden in den darauffolgenden Tagen Schweigeminuten eingelegt und wurde der Opfer gedacht. Zahlreiche Staaten boten ihre Hilfe bei Bergung, Rettung und Versorgung der Bevölkerung an.
„9/11" (das Kürzel gibt in amerikanischer Schreibweise Monat und Tag wieder) war das Fanal für den „Krieg gegen den Terror", den die USA unter George W.

Bush von nun an zu führen beabsichtigten. Die NATO rief zum ersten Mal seit ihrem Bestehen den Bündnisfall aus und bot ihre Mithilfe an. Die US-Regierung handelte jedoch erst einmal im Alleingang. Amerikanische Truppen griffen im Herbst 2001 Afghanistan an und vertrieben die regierenden Taliban. Diese islamistischen Fundamentalisten standen im Verdacht, die Führung der al-Qaida, allen voran Osama bin Laden, zu unterstützen und ihr Unterschlupf zu gewähren. Eine neue Regierung wurde eingesetzt. Mittlerweile ist in Afghanistan eine internationale Schutztruppe (ISAF) – auch mit deutscher Beteiligung – stationiert, die den Wiederaufbau des Landes und die Demokratisierung begleiten und sichern soll.

Krieg gegen Saddam Hussein

Die USA griffen im Rahmen ihres „Kriegs gegen den Terror" auch den Irak an und stürzten 2003 den herrschenden Diktator Saddam Hussein. Als Vorwand für den Angriff wurden Verbindungen des Regimes zu al-Qaida und Massenvernichtungswaffen, die der Irak einsetzen könnte, vorgeschoben. Viele Staaten, darunter Deutschland, Frankreich und Russland, distanzierten sich von der Militäraktion. Heute weiß man, dass die Kriegsgründe nicht tragfähig waren. Die Tatsache, dass Saddam Hussein ein despotischer und vor Massakern unter der eigenen Bevölkerung nicht zurückschreckender Diktator war, bleibt davon unberührt. Für die Stabilität der Region war der Irak-Krieg eher kontraproduktiv. Der Wunsch der USA, dem Irak eine freiheitliche Demokratie zu bringen, deren Vorbild auch auf umliegende Länder stabilisierend wirken sollte, ging bislang nicht in Erfüllung. Seit Kriegsende fanden Tausende amerikanischer Besatzungssoldaten und zahllose irakische Zivilisten den Tod bei Anschlägen. Das Land droht im Bürgerkrieg zu versinken. Vielfach wird bezweifelt, ob der Kampf gegen den Terrorismus durch militärische Mittel gewonnen werden kann.

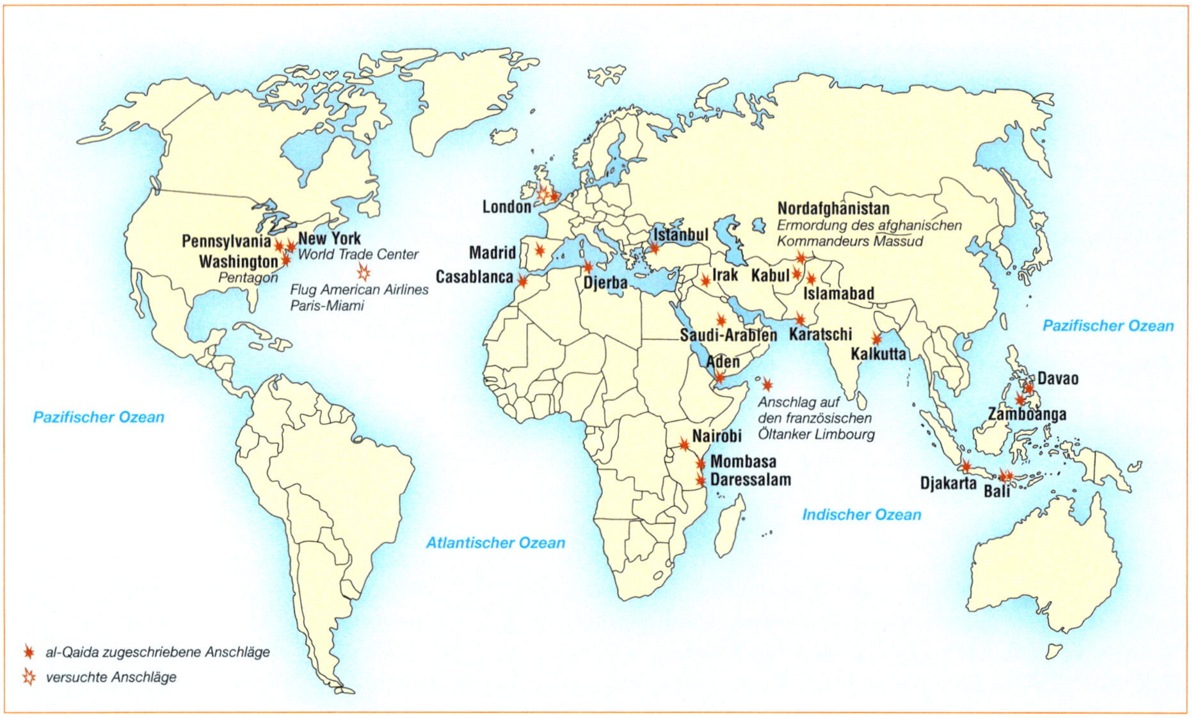

M 2 Anschläge der al-Qaida
Die Serie von Anschlägen, die der al-Qaida zugeschrieben werden, riss seit 2001 nicht ab.

M 3 Die Ereignisse am Morgen des 11. September

08.15 Entführer bringen die Maschine des Flugs American Airlines 11 in ihre Gewalt. Gleichzeitig startet United Airlines Flug 175.

08.38 NORAD, die zentrale Stelle für Luftverteidigung, wird über die Vorfälle informiert.

08.45 United Airlines Flug 175 wird entführt.

08.46 Das erste Flugzeug (AA 11) fliegt in den Nordturm des World Trade Centers in New York. Man geht von einem Unfall aus. Die Menschen im Südturm werden über Lautsprecher gebeten, Ruhe zu bewahren und am Arbeitsplatz zu bleiben.

08.55 Die Maschine der American Airlines Flug 77 wird entführt.

09.03 United Airlines Flug 175 fliegt in den Südturm des World Trade Centers. Damit ist klar, dass es sich um gezielte Anschläge handelt. Der zivile Luftverkehr wird eingestellt und Abfangjäger eingesetzt, um New York zu schützen.

09.37 Das dritte Flugzeug schlägt in das amerikanische Verteidigungsministerium (Pentagon) in Washington ein. Die betroffenen Gebäudeteile stürzen wenig später ein.

09.45 Alle in der Luft befindlichen Flugzeuge werden unter Drohung des Abschusses aufgefordert, am nächsten Flughafen zu landen. Die vierte betroffene Maschine, United Airlines Flug 93, das wohl das Weiße Haus, das Kapitol in Washington oder den Präsidentenlandsitz Camp David zum Ziel hatte, ist zu diesem Zeitpunkt schon in der Hand der Entführer.

09.59 Der Südturm des World Trade Centers stürzt ein.

10.03 Die Maschine UA Flug 93 stürzt – wahrscheinlich nach einem Kampf zwischen Geiselnehmern und Passagieren – in der Nähe von Pittsburgh ab.

10.28 Der Nordturm des WTA stürzt ein.

M 4 Ein Aufruf zum Terror

Kommuniqué über die Gründung der „Islamischen Weltfront des Dschihad gegen die Juden und die Kreuzzügler", unterzeichnet u.a. von bin Laden (1998):

Die Vereinigten Staaten besetzen die heiligsten Stätten des Islam, die arabische Halbinsel, plündern ihre Reichtümer und verwandeln ihre Stützpunkte auf der Halbinsel in eine Speerspitze, um die islamischen Nachbarvölker zu bekämpfen. (...)

All diese von den Amerikanern verübten Verbrechen und Untaten stellen eine offene Kriegserklärung an Gott, seinen Propheten und die Muslime dar. (...) Daher und in Übereinstimmung mit den Geboten Allahs veröffentlichen wir folgende, an alle Mulisme gerichtete Fatwa (= von religiöser Autorität abgegebenes Urteil):

„Amerikaner und ihre zivilen und militärischen Verbündeten zu töten, ist eine Pflicht für jeden Muslim (...). Wir rufen die muslimischen Ulemas (= Religionsgelehrte), die loyalen muslimischen Führer, die Jugendlichen und die treuen Soldaten dazu auf, den Soldaten Satans den Kampf anzusagen (...)."

Dictionnaire mondial de l'islamisme. Paris 2002, S. 126 f. (übersetzt vom Autor).

M 5 Demonstration in Pakistan
Anhänger Osama bin Ladens verbrennen die US-Fahne.

Fragen und Anregungen

1. Erklären Sie, welche Auswirkungen die Anschläge des 11. September hatten. (VT, M1, M3 und M5).
2. Recherchieren Sie Genaueres zu den in M2 aufgeführten Anschlägen. Informieren Sie Ihre Klasse in Kurzreferaten.
3. Fassen Sie die Vorwürfe und Forderungen der Autoren des islamischen Propagandatextes zusammen. (M4)
4. Der Begriff des „Dschihad" wird häufig im Sinne von „heiliger Krieg" als Rechtfertigung gebraucht, wenn es um den Kampf gegen die „Ungläubigen" geht. Informieren Sie sich über die Bedeutung dieses Begriffs.

KULTURGESCHICHTLICHE SPURENSUCHE

Die kulturelle Entwicklung des Menschen gründet auf seiner Fähigkeit, Erfahrungen weiterzugeben. Diese Fähigkeit ist die Grundlage aller Kulturen dieser Erde. Voraussetzung dafür ist die Kommunikation zwischen den Menschen mithilfe der Sprache, der Schrift und ihres Verhaltens. Erst dadurch haben alle Anteil an ihrer Umwelt, an ihrer engeren und weiteren Umgebung.

Die folgenden Seiten sollen Ihnen noch einmal die wichtigsten Meilensteine in der Geschichte des Freistaates Bayern in Erinnerung rufen, den ständigen Wandel, dem er unterworfen war und ist. Und sie sollen Ihnen einige Möglichkeiten aufzeigen, wie Sie selbst aktiv tätig werden können, um Ihre Umwelt mitzugestalten – und damit „kulturgeschichtliche Spuren" für die Zukunft zu legen.

Der Markt Jettingen
links: Aufnahme von Nordwesten (um 1955)
rechts: Aufnahme von Südwesten (um 1960); im Hintergrund links oben die damals noch selbstständige Gemeinde Scheppach

Die Marktgemeinde Jettingen-Scheppach 2006
Im Vordergrund der Gemeindeteil Jettingen mit Bau- und Industriegebiet, im Hintergrund der Gemeindeteil Scheppach (Aufnahme von Süden).

Christentum und Islam in Europa
Die Moschee Yavus Sultan Selim und der Turm der Liebfrauenkirche in Mannheim

UNICEF-Arbeitsgruppentagung 2005
In Deutschland gibt es über hundert ehrenamtliche UNICEF-Arbeitsgruppen, die durch ihre Öffentlichkeitsarbeit auf Benachteiligung und Ausbeutung von Kindern aufmerksam machen. Sie leisten einen bedeutenden Beitrag zur Realisierung der weltweiten UNICEF-Projekte.

Helfen – eine vielfältige Herausforderung
(Plakat des Bundesamtes für Bevölkerungsschutz und Katastrophenhilfe)
Menschen, die beim Bevölkerungsschutz und der Katastrophenhilfe helfen wollen, finden hier ein breites Einsatzfeld: Deutsches Rotes Kreuz, Malteser Hilfsdienst, Freiwillige Feuerwehren, Arbeiter und Samariter Bund, Technisches Hilfswerk, Johanniter Unfallhilfe, Deutsche Lebens-Rettungs-Gesellschaft u. a.

1. Der Freistaat Bayern und seine Landesteile

200 Jahre Bayern

Bayern, das größte deutsche Bundesland, ist auch der einzige der Flächenstaaten, der innerhalb seiner heutigen Grenzen als historisch „gewachsen“ bezeichnet werden kann. Zu den altbayerischen Gebieten mit ihren bis ins frühe Mittelalter reichenden staatlichen Traditionen kamen Anfang des 19. Jahrhunderts durch die Umwälzungen des Napoleonischen Zeitalters die fränkischen und schwäbischen Territorien hinzu. Diese bestanden aus einer Vielzahl kirchlicher und adeliger Herrschaften sowie einer Anzahl von Reichsstädten. Durch Mediatisierung und Säkularisation wurden die Herrschaftsgebiete und -rechte der adeligen und kirchlichen Herrschaftsträger an den bayerischen Kurfürsten übertragen. Am 1. Januar 1806 erfolgte durch Napoleons Gnaden die Rangerhöhung Bayerns zum Königreich.
Nach einigen Grenzveränderungen im Gefolge des Wiener Kongresses 1814/15 blieb die territoriale Gestalt Bayerns auch innerhalb des deutschen Nationalstaates (ab 1871) und dann der Bundesrepublik – abgesehen von dem Verlust der Rheinpfalz 1947 – bis heute weitgehend bestehen.

Einheit trotz Vielfalt?

Schon dem ersten bayerischen König Max I. Joseph und seinem Minister Graf Montgelas war klar, dass die Verbindung Altbayerns mit den neu hinzugekommenen Landesteilen nicht einfach werden würde. Ein tief greifendes Reformprogramm sollte einen einheitlichen modernen Staat entstehen lassen, denn weder die Bewohner Frankens noch die Schwabens wollten sich zunächst als „echte Bayern“ fühlen. Zu unterschiedlich waren sie in Mentalität, Traditionen und Konfession: Die fränkischen Gebiete waren weitgehend protestantisch und eher nationalliberal geprägt, die katholischen Schwaben bevorzugten föderalistische Strukturen, während die konservativeren, katholischen Bewohner des agrarisch strukturierten Altbayern dem neuen Staat wesentlich patriotischer gegenüber standen. Über 200 Jahre gemeinsamer Geschichte und Leistungen (u. a. der Zuzug und die Integration von 3 Millionen Flüchtlingen und Vertriebenen nach 1945) führten dazu, dass viele Unterschiede zwischen den einzelnen Landesteilen verschwunden sind. Die meisten Bewohner Bayerns fühlen sich tatsächlich als „Bayern“ – v.a. wenn es darum geht, sich vom Rest der Welt zu unterscheiden. Jedoch ist ein gewisser Unterschied zwischen den Traditionslinien der einzelnen Landesteile noch vorhanden, der bis heute trotz aller Modernisierungsprozesse fortwirkt. Er ist spürbar an der Prägung verschiedener Mentalitäten und sogar am unterschiedlichen Wahlverhalten der Regionen.

Berücksichtigung aller Landesteile

Dem immer noch vorhandenen Regionalbewusstsein versuchen Parteien und staatliche Organe Rechnung zu tragen. Sowohl bei der Besetzung von Staats- wie von Parteiämtern wird meist auf eine paritätische Berücksichtigung von Vertretern aller Landesteile (Proporz) geachtet. Auch bei der Wahl der Standorte von Behörden oder staatlichen Institutionen soll neuerdings die Zentrierung, v.a. auf die Landeshauptstadt, gelockert werden. Dem entspricht etwa das Konzept der Regionaluniversitäten oder die Wahl Augsburgs als Sitz des Hauses der bayerischen Geschichte.
Über Dialekt- oder Brauchtumspflege oder die Betonung des unterschiedlichen Charakters der bayerischen „Regionen“ wird die Vielfalt im Staat gewürdigt. Daneben soll andererseits die Hervorhebung der Identität Bayerns als „Kulturstaat“ (so auch in der Bayerischen Verfassung) den Zusammenhalt stärken.

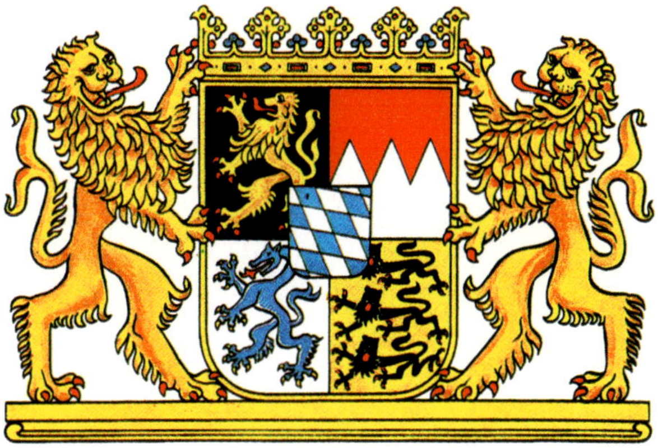

M 1 Bayerisches Staatswappen

M 2 Auszug aus der Bayerischen Verfassung

1. Abschnitt: Die Grundlagen des Bayerischen Staates
Artikel 3 Rechts-, Kultur- und Sozialstaat
(1) Bayern ist ein Rechts-, Kultur- und Sozialstaat. Er dient dem Gemeinwohl.
(2) Der Staat schützt die natürlichen Lebensgrundlagen und die kulturelle Überlieferung.

Zititert nach der Homepage des Bayerischen Landtages (http://www.bayern.landtag.de/bayer_verfassung.html)

M 3 „Bayerns Krone 1806 – 200 Jahre Königreich Bayern"

Aus der Rede des bayerischen Finanzministers Kurt Faltlhauser am 29. März 2006 zur Eröffnung der Ausstellung in München:

Geschichte ist das Fundament politischen Handelns. Sie bietet nicht nur Erklärung für das Bestehende, sondern auch Traditionen und Präzedenzfälle für politische Deduktionen. Geschichte bringt Identität und Verbundenheit für all jene, die gemeinsame Wurzeln haben. Geschichte war im jungen Königreich ein wichtiger Faktor bei dem Bemühen, den Bewohnern der alten wie der neuen Landesteile eine gemeinsame Identität als Bayern zu geben. Und noch heute enthält die bayerische Verfassung in ihrer Präambel einen Hinweis auf die tausendjährige Geschichte unseres Landes. Identität und Fortschritt – das sind keine Gegensätze, sondern das ist ein Begriffspaar. So gibt uns die Erinnerung an das herausragende Ereignis vom 1. Januar 1806 nicht Anlass, nur selbstzufrieden auf die Geschichte Bayerns und des Königreichs zurückzublicken. Das ist Aufforderung, auch heute die Reformbedürftigkeit der Strukturen zu bedenken.

Nach: Pressemitteilung 067/2006, http://www.schloesser.bayern.de/deutsch/aktuell/archiv06/mu_res/eroeffnung29-03-06.rtf (20. 07. 2007)

PROJEKTTIPP

1. Recherchieren Sie in der Bibliothek oder im Internet, wann und unter welchen Umständen Ihr Heimatort bayerisch wurde. Erweitern Sie Ihre Informationsbasis durch einen Besuch im Stadt- oder Gemeindearchiv oder im nächst gelegenen Staatsarchiv. Erstellen Sie eine Wandzeitung oder eine kleine Ausstellung.
2. Bis heute ist bei vielen Menschen das Bewusstsein, ein „Schwabe", ein „Franke" oder ein „Altbayer" zu sein, noch vorhanden. Ressentiments gegen die jeweils „anderen" gibt es immer wieder. Klagen der Franken und Schwaben über eine Ungleichbehandlung gegenüber den Altbayern werden häufig geäußert.
Erstellen Sie eine Umfrage mit dem Thema: Fühlst du dich als Bayer? Berücksichtigen Sie bei Ihrem Fragenkatalog auch die Herkunft der Befragten. Präsentieren Sie Ihre Ergebnisse in Form einer Wandzeitung oder als Beitrag in der Schülerzeitung.

Fragen und Anregungen

1. Erarbeiten Sie aus der Quelle M3, welche Bedeutung der Redner der Geschichtspflege zuspricht.
2. Recherchieren Sie die Bedeutung der einzelnen Teile des bayerischen Staatswappens. (M1) Inwiefern sind hier die Landesteile repräsentiert? Untersuchen Sie dabei auch die Herkunft der Bestandteile und die Veränderung des Wappens seit 1806.
3. Informieren Sie sich, wie seit König Ludwig I. in Bayern Kultur und Geschichte benutzt werden, um den Zusammenhalt der Landesteile zu stärken. Berücksichtigen Sie dazu auch M2. Hinweise finden Sie u. a. auf der Homepage des Hauses für Bayerische Geschichte: http://www.hdbg.de/

2. Bayerische Ortschaften im Wandel – zum Beispiel: Erlangen wird Großstadt

Geschichte bedeutet Veränderung. Das weiß jeder. Aber selten erfahren wir das greifbarer als in der sichtbaren Veränderung unserer alltäglichen Umgebung, unseres Heimatortes. Daher kann die Untersuchung, in welchem Maße sich unser Heimatort in einem bestimmten Zeitraum verändert hat, einiges über die geschichtliche Entwicklung und auch über die größeren Tendenzen der Gegenwart verraten.

PROJEKTTIPP

„Unsere Stadt im Wandel"

Im Rahmen einer Ausstellung soll der Wandel einer Stadt dokumentiert werden. Dabei bietet sich die Zusammenarbeit der Fächer Geschichte, Sozialkunde, Geographie und Kunst an, aber auch andere Fächer wie Religion, Biologie, Deutsch und Informatik können je nach Themengebiet herangezogen werden. Als „Gerüst" soll eine Zeittafel erstellt werden, die die wesentlichen Daten zur Stadtgeschichte aufführt.

Folgende Themengebiete können als Anregung für Fragestellungen dienen. Die jeweiligen Ergebnisse – Bilder, Zeitzeugeninterviews, Statistiken, historische Berichte usw. – werden zu herausragenden Eckdaten vergleichend dargestellt:

- Räumliche Stadtentwicklung
- Bevölkerungsentwicklung und Sozialstruktur
- Integration der ausländischen Mitbürger
- Wirtschaftliche Entwicklung
- Das politische Leben
- Einbindung in Europa
- Kulturelles und religiöses Leben

Zum Beispiel Erlangen: Offen aus Tradition

Die ursprünglich kleine Residenzstadt des Markgrafentums Ansbach-Bayreuth und Universitätsstadt Erlangen hat nach dem Krieg eine sehr auffällige Entwicklung zu einer modernen, technisch orientierten Großstadt genommen, die sich vor allem durch Engagement im Umweltschutz und kulturelle Offenheit hervortut.

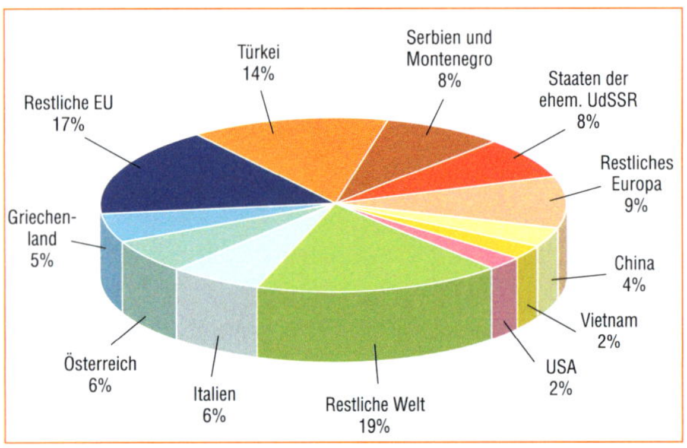

M 1 Herkunft der Ausländer in Erlangen im Jahr 2006
http://www.erlangen.de (27. 07. 2007)

Städtepartnerschaften Erlangens

Eskilstuna (Schweden), seit 1961
Rennes (Frankreich), seit 1964
Wladimir (Russland), seit 1983 beziehungsweise 1987
Jena (Thüringen), seit 1987
Stoke-on-Trent (England), seit 1989
San Carlos (Nicaragua), seit 1989
Beşiktaş (Stadtbezirk von Istanbul, Türkei), seit 2000

M 2 Daten zur Stadtgeschichte

1002 Erlangen wird erstmals urkundlich erwähnt.

1686 Hugenottische Flüchtlinge aus Frankreich siedeln sich mir Hilfe von Markgraf Christian von Ansbach-Bayreuth in der neu gegründeten barocken Planstadt „Christian Erlang“ an. Dies ist die Geburtsstunde des modernen Erlangen.

1743 Die Universität Bayreuth wird nach Erlangen verlegt.

1755 An Pfingsten findet auf den Bierkellern der Stadt das erste Bierfest statt, das sich zur Erlanger Bergkirchweih entwickelt.

1810 Erlangen wird Teil des Königreiches Bayern.

1836 Man beginnt mir dem Bau des Ludwig-Donau-Main-Kanals.

1842 Unter dem Burgberg wird der erste bayerische Eisenbahntunnel gebaut.

1877 Der Universitätsmechaniker Reiniger eröffnet eine Werkstatt für den Bau medizinischer Geräte.

1925 Reiniger wird Teil der Siemens und Halske AG.

1929 Nazis beherrschen die Studentenvertretung der Universität Erlangen.

1945 Erlangen ist kaum zerstört und bietet sowohl für Flüchtlinge als auch für die Firma Siemens einen passenden Ort für einen Neuanfang.

1947 Die Ansiedlung der Hauptverwaltung der Firma Siemens und der Bau der neuen Südstadt für die „Siemensianer“ beginnen.

1974 Durch Eingemeindungen hat Erlangen über 100 000 Einwohner und wird somit zur kleinsten Großstadt in Bayern.
Im selben Jahr wird der Ausländerbeirat eingerichtet, der Interessen der ausländischen Bevölkerung gegenüber der Stadt vertritt. Erlangen gibt sich das Stadtmotto „Offen aus Tradition“ und knüpft damit an seine Geschichte als Hugenottenstadt an.

2002 Die Stadt feiert ihr 1000-jähriges Stadtjubiläum.

M 3a Gelände für den Neubau des Siemens-Verwaltungsgebäudes, 1946

M 3b Der „Himbeerpalast“ 1951
Das Siemensverwaltungsgebäude, der sogenannte „Himbeerpalast“, liegt in einer immer noch ländlichen Stadtrandlage.

M 3c Der „Himbeerpalast“ 2007
2007 liegt der „Himbeerpalast“ inmitten großer Büro-, Geschäfts- und Wohnviertel, die sich weit über den historischen Kern Erlangens hinaus erstrecken.

Dokumentieren Sie anhand von historischen und aktuellen Fotos eine Stelle in Ihrem Heimatort, wo sich die Veränderung der letzten 50 Jahre vergleichbar deutlich zeigt.

3. Migration in Bayern

Migration in der jüngeren Geschichte

„Deutschland ist ein Einwanderungsland!" Aussagen dieser Art haben vor wenigen Jahren heftige Diskussionen und wütende Proteste bei manchen Menschen ausgelöst. Daraus sprach die Furcht vor einer „Multikulti-Gesellschaft" oder der „Überfremdung" unseres Landes.
Dabei gab es in der Geschichte schon häufig Phasen von Einwanderung und verstärktem Zuzug. Man denke nur an die Zeit nach dem Zweiten Weltkrieg, als Millionen von Flüchtlingen aus den ehemals deutschen Ostgebieten ins Land strömten und integriert wurden. Oder an die 50er Jahre, als massenhaft sogenannte Gastarbeiter – besonders viele aus Italien und der Türkei – von der Bundesrepublik angeworben wurden, damit sie bei uns erwerbstätig werden. Daneben suchten viele ausländische Menschen in unserem Land vorübergehend Asyl, weil sie in ihrer Heimat verfolgt wurden. Und nicht zuletzt sind vor allem seit dem Ende des Kalten Krieges die deutschstämmigen Spätaussiedler („Russlanddeutsche") zu nennen, die mit ihren Familien einwanderten.

Migration in Bayern heute

In einer aktuellen Broschüre des Bayerischen Staatsministeriums für Arbeit und Sozialordnung, Familie und Frauen heißt es: „In Bayern leben 1,1 Millionen Ausländer. Dies bedeutet: Gut 9 % der in Bayern lebenden Wohnbevölkerung haben eine ausländische Staatsangehörigkeit. Von allen 6,8 Millionen Ausländerinnen und Ausländern im Bundesgebiet haben 16 % ihren Lebensmittelpunkt in Bayern (…). Für all diese Menschen mit Migrationshintergrund, die Zuwanderer mit gesichertem Bleiberecht, stellt sich die Notwendigkeit der Integration. Dabei sind Fragen nach der Aufnahme- und Integrationsfähigkeit einer Gesellschaft ebenso zu beantworten wie die nach der Integrationsbereitschaft der Zuwanderer."
Als Leitlinien für eine erfolgreiche Integration von Menschen mit Migrationshintergrund werden die Möglichkeit zu gleichberechtigter Teilhabe am gesellschaftlichen Leben, die Integrationsbereitschaft der zu uns kommenden Menschen, deren Wille, Deutsch zu lernen und das Zusammenwirken aller gesellschaftlichen Kräfte gesehen.

PROJEKTTIPP

„Migration in verschiedenen Bereichen"

Erfolge und Probleme der Integration von Menschen mit Migrationshintergrund lassen sich in verschiedenen Bereichen untersuchen. Recherchieren Sie in Ihrer Klasse in verschiedenen Gruppen und in Zusammenarbeit mit dem Fach Sozialkunde z. B. zu folgenden Themen und präsentieren Sie die Ergebnisse in Referaten, einer Ausstellung, auf einer Homepage oder einer kleinen Broschüre:

- *„Flucht und Vertreibung" – Spuren einer gelungenen Integration*
- *„Russlanddeutsche" – Vorurteil und Wirklichkeit*
- *„Gastarbeiter" – Was machen sie heute?*
- *„Asylanten in Bayern" – Lebensbedingungen und Chancen*

Versuchen Sie, bei Ihrer Arbeit immer von der historischen Entwicklung auszugehen und diese mit der heutigen Situation zu vergleichen. Als Instrumente für die Forschungen können dienen:

- *Bilddokumente, evtl. selbst erstellte Fotos*
- *einschlägige Statistiken*
- *Fachliteratur und Artikel in Zeitschriften, Zeitungen, im Internet*
- *Einbeziehung von Experten (Wissenschaftler, Politiker, Journalisten, Historiker etc.)*
- *Befragung von Betroffenen*
- *Exkursionen vor Ort*
- *Umfragen unter der Bevölkerung*

Im Folgenden sind einige beispielhafte statistische Materialien zur Entwicklung der Zahl von Asylsuchenden aufgeführt. Sie können Ihnen als Ausgangspunkt für eine weitere Auseinandersetzung dienen. Gemäß Artikel 16a, Abs. 1 Grundgesetz, genießen politisch Verfolgte Asylrecht.

M1 Asylbewerber in Deutschland und in Bayern

Jahr	Bund	Bayern
1992	438.191	59.337
1994	127.210	17.662
1996	116.367	16.532
1998	98.644	14.294
2000	78.564	11.287
2002	71.127	10.165
2004	35.607	4.855
2006	21.029	2.948

Bayerisches Staatsministerium für Arbeit und Sozialordnung, Familie und Frauen (http://www.stmas.bayern.de/migration/asyl/index.htm) (24. 07. 2007)

M2 Herkunftsländer der Asylbewerber in Bayern 2006

Herkunftsland	Personen	Anteil
Irak	498	16,9 %
Slowakische Republik	184	6,2 %
Serbien Montenegro	150	5,1 %
Eritrea	121	4,1 %
Türkei	118	4,0 %
Serbien*	112	3,8 %
Aserbaidschan	96	3,3 %
Nigeria	94	3,2 %
Kolumbien	84	2,8 %
Vietnam	81	2,7 %
Summe	1.538	52,2 %
Alle Länder	2.984	100,0 %
Europäer	851	28,9 %
Außereuropäer	2.097	71,1 %

* bis Juli 2006: Serbien und Montenegro

Bayerisches Staatsministerium für Arbeit und Sozialordnung, Familie und Frauen (http://www.stmas.bayern.de/migration/asyl/index.htm) (24. 07. 2007)

M3 Blick auf die Leopoldstraße in München
Muslimische Frauen gehören seit Langem zum Straßenbild.

M4 Anerkennungsquoten

Jahr	Bund	Bayern
1992	4,2 %	3,6 %
1994	7,3 %	5,1 %
1996	7,4 %	4,5 %
1998	4,0 %	1,8 %
2000	3,0 %	1,3 %
2002	1,8 %	1,6 %
2004	1,5 %	0,8 %
2006	0,8 %	0,5 %

Bayerisches Staatsministerium für Arbeit und Sozialordnung, Familie und Frauen (http://www.stmas.bayern.de/migration/asyl/index.htm) (24. 07. 2007)

Fragen und Anregungen

1. Beschreiben und erklären Sie die Entwicklung der statistischen Daten in den drei Tabellen. (M1, M2, M4)
2. Erstellen Sie eine Visualisierung in Kreis-, Säulen oder Kurvendiagrammen. (M1, M2, M4)
3. Versuchen Sie an zwei Beispielen aus dem Geschichtsbuch historische Gründe der Migrationsbewegungen herauszufinden. (VT und M2)
4. Diskutieren Sie Gründe für die in M1 und M4 festzustellende Entwicklung.
5. Recherchieren Sie nach gesetzlichen Bestimmungen zum Asylrecht. Diskutieren Sie in der Klasse, ob die gegenwärtige Rechtslage angemessen oder zu restriktiv ist.

4. Zivilgesellschaft und bürgerschaftliches Engagement

Zivilgesellschaft

In modernen demokratischen Gesellschaften nehmen Bürger ihre Interessen organisiert wahr und beeinflussen die gesellschaftliche und politische Entwicklung. Die Begriffe „Zivil-“ und „Bürgergesellschaft“ beziehen sich auf dieses Engagement und eine politische Ordnung, die von der demokratischen Eigeninitiative der Bürger und Bürgerinnen getragen ist. Seit 1980 nutzten Bewegungen wie die Anti-Atomkraft-Bewegung oder Bürgerinitiativen für die Erhaltung von Naturlandschaften in Bayern vermehrt ihre Möglichkeiten, zusätzlich zu den Wahlen Einfluss auf öffentliche Entscheidungen zu nehmen.

Bürgerschaftliches und freiwilliges Engagement

Bürgerschaftliches Engagement drückt sich aber vielfach auch in der Übernahme eines Ehrenamtes aus. Als Ehrenamt wird die freiwillige Übernahme eines öffentlichen Amtes bezeichnet, für die kein Entgelt bezahlt wird. Für die vielfältigen freiwilligen und unbezahlten Tätigkeiten wird heute oft auch der Begriff „Volunteering“ („Freiwilligenarbeit“) gebraucht. Politische Bedeutung gewinnen diese Tätigkeiten durch die Bezeichnungen „zivilgesellschaftliches“ oder „bürgerschaftliches Engagement“. Damit ist jene Betätigung gemeint, die freiwillig in Vereinen, Verbänden, Initiativen oder Kirchen unbezahlt geleistet wird. 23 Millionen Menschen über 14 Jahren, jeder dritte erwachsene Deutsche, erhalten auf diese Weise viele öffentliche und soziale Aktivitäten aufrecht: Sportbetrieb, Tierschutz, Hausaufgabenhilfe, Freiwillige Feuerwehren, Behinderteneinrichtungen, Katastrophenhilfe und Telefonseelsorge. Vereine bestreiten einen großen Teil des öffentlichen und kulturellen Lebens in den Städten und Gemeinden. In jeder Tageszeitung, aber auch im Internet kann man sich über die vielfältigen Aktivitäten und Veranstaltungen informieren. An Gerichten wirken Bürger als Schöffen, ehrenamtliche Richter, Schiedsleute und gerichtlich bestellte Betreuer mit. Jedes gewählte Mitglied eines Vereinsvorstandes übt ein Ehrenamt aus, aber auch in der Schule können Schüler ehrenamtlich als Klassensprecher oder Schulsprecher tätig werden.

Gesellschaft mitgestalten, anderen Menschen helfen...

Bereits in Athen waren die wichtigsten Ämter Ehrenämter. Allerdings konnten sich die Beteiligung am öffentlichen Leben trotz der unter Perikles eingeführten Taggelder für Ratsmitglieder und Geschworene meist nur wohlhabende Bürger leisten. Was bringt aber in unserer Zeit Menschen dazu, mehr zu tun als unbedingt nötig? Meistens wollen die „Volunteers“ die Gesellschaft mitgestalten, andere Menschen kennen lernen oder ihnen helfen. Untersuchungen haben ergeben, dass drei Viertel ihre Kenntnisse und Erfahrungen erweitern wollen und nur ein Fünftel an beruflichen Nutzen denkt. Jugendliche allerdings achten darauf, dass die freiwillige Tätigkeit Spaß macht und für ihre Zukunft nützlich ist.

M 1 Jugendliche im Ehrenamt für UNICEF

M 2 Die Zielsetzungen des „Bundesnetzwerks Bürgerschaftliches Engagement"

Das übergeordnete Ziel ist die nachhaltige Förderung von Bürgergesellschaft und bürgerschaftlichem Engagement in allen Gesellschafts- und Politikbereichen. Hierzu ist es wichtig, dass Freiwilligenarbeit, Selbsthilfe und Ehrenamt einen höheren Stellenwert in Staat und Gesellschaft bekommen (...). Das Netzwerk sieht seinen Auftrag darin, nachhaltige Impulse der Engagementförderung in der Praxis von Bürgergesellschaft, Staat und Wirtschaft sowie in der Politik zu setzen. Das BBE sieht Engagementförderung als eine gesellschaftspolitische Aufgabe an, die sich nicht auf einzelne Engagementfelder beschränkt, sondern sämtliche Gesellschafts- und Politikbereiche umfasst. Dabei geht es sowohl darum, Eigenverantwortung, Partizipation und Selbstgestaltung der Bürgerinnen und Bürger zu stärken als auch neue Formen und Verfahren für gesellschaftliches Mitentscheiden und Mitgestalten zu entwickeln.

http://www.b-b-e.de/bbe_ueber_uns.html (04. 07. 2007)

M 3 UNICEF Arbeitsgruppen

In Deutschland gibt es über hundert ehrenamtliche UNICEF-Arbeitsgruppen, die durch ihre Öffentlichkeitsarbeit auf Benachteiligung und Ausbeutung von Kindern aufmerksam machen und durch Grußkartenverkauf und Spendenarbeit einen bedeutenden finanziellen Beitrag zur Realisierung der weltweiten UNICEF-Projekte leisten. Sie geben Auskunft zur ehrenamtlichen Mitarbeit und freuen sich über neue freiwillige Mitarbeiter/innen. (...) UNICEF-Arbeitsgruppen kennen keine Altersgrenzen für ihre Mitglieder, nicht nach oben und nicht nach unten. Hier sind junge Leute gefragt, die sich bei uns in Deutschland dafür einsetzen, dass die elementarsten UNICEF-Forderungen Kindern und Jugendlichen in der ganzen Welt zugute kommen: medizinische Versorgung, ausreichende Ernährung, sauberes Trinkwasser, Bildung. Wer selbst über den Tellerrand schaut, kann auch andere für die Kinderrechte interessieren und auf Gewalt, Ausbeutung und Missbrauch aufmerksam machen.

http://www.unicef.de/mitarbeit.html?cid=1 (04. 07. 2007)

M 4 UNICEF Hochschulgruppe München

Herzlichen Dank all denjenigen, die den großen Erfolg der Benefizveranstaltung vom 11. Mai 2007 möglich gemacht haben: der Monofaktur, den Bands und DJs, den Helferinnen und Helfern vor Ort, den Sponsoren, den fleißigen OrganisatorInnen, die so viel Zeit und Energie in dieses Projekt gesteckt haben, und – last but not least – den vielen, vielen Leuten, die gekommen sind, um mit uns für den guten Zweck zu feiern! Es war ein fantastischer Abend, an dem fast 2000,- Euro für das UNICEF Projekt „Neue Chance für ehemalige Kindersoldaten" im Kongo zusammengekommen sind!

http://www.unicef.de/typo3temp/pics/e16a8efb8d.jpg (04. 07. 2007)

PROJEKTTIPP

Sie können das Thema vertiefen. Stellen Sie die ehrenamtlichen Tätigkeiten in Ihrer Schulklasse und Ihren Familien zusammen. Untersuchen Sie die einzelnen Tätigkeiten und stellen Sie sie in geeigneter Form vor. Informieren Sie sich über die Geschichte der Vereine und Einrichtungen, in denen diese Ehrenämter ausgeübt werden. Interviewen Sie Menschen, die ein Ehrenamt ausüben, über ihre Motive, den Aufwand und den Erfolg ihrer Arbeit. Suchen Sie nach speziellen Möglichkeiten für Jugendliche, sich in Ihrem Ort ehrenamtlich zu engagieren. Wählen Sie eine geeignete Form der Präsentation Ihrer Ergebnisse.

Fragen und Anregungen

1. Begründen Sie die Aussage, dass eine Gesellschaft ohne das Ehrenamt nicht funktioniert. (VT, M2)
2. Stellen Sie die Möglichkeiten der ehrenamtlichen Tätigkeiten im Rahmen der UNICEF zusammen. (M1, M3, M4)
3. Früher waren auch politische Ämter Ehrenämter. Belegen Sie diese Aussage und diskutieren Sie, ob dies auch in unserer Demokratie möglich und sinnvoll wäre.

Weltpolitische Veränderungen und Wandlungen in Deutschland

1961/1962 Kuba-Krise
1972 Grundlagenvertrag

Die „68er-Bewegung"
Es war die Protestbewegung einer ganzen Generation, vor allem von Studenten: gegen die sich immer mehr ausbreitende kapitalistische Konsumgesellschaft, gegen autoritäre Verhaltensweisen in der Familie, in der Schule, an der Universität, am Arbeitsplatz. In Deutschland und in Frankreich war diese Protestbewegung der Studenten am stärksten und führte zu großen Unruhen. Zwar wurden der Staat und das kapitalistische System nicht erschüttert, aber die „68er-Bewegung" wirkte sich nachhaltig auf die Demokratisierung der Gesellschaft aus. Die Gleichberechtigung der Frauen kam nun besser voran, die traditionellen Machtverhältnisse z. B. in Familie und Schule änderten sich – zwischen Mann und Frau, Eltern und Kindern, Lehrer und Schülern.

Entspannungspolitik
Seit der Mitte der 60er Jahre wuchs das Interesse an einer Entschärfung des Ost-West-Konfliktes. Zwar ging man weiterhin vom prinzipiellen Gegensatz der Systeme aus, man versuchte aber, durch Verhandlungen eine neue Vertrauensbasis zu schaffen und Missverständnisse auszuschalten. So kam es zu regelmäßigem Gedankenaustausch der Politiker, der zu wirtschaftlicher und kultureller Zusammenarbeit führte. Auch Verträge der Rüstungsbegrenzung wurden geschlossen. Diese Phase der Entspannungspolitik endete 1979 mit dem NATO-Doppelbeschluss und dem Einmarsch der UdSSR in Afghanistan.

Grundlagenvertrag
So heißt der 1972 geschlossene Vertrag zwischen der Bundesrepublik und der DDR. Seine Ziele waren: gutnachbarliche Beziehungen, Gleichberechtigung, Beachtung der beiderseitigen Unabhängigkeit und Selbständigkeit, Unverletzlichkeit des jeweiligen Staatsgebietes. In den beiden Hauptstädten Bonn und Ost-Berlin wurden „Ständige Vertretungen" errichtet. Der Vertrag führte zu Erleichterungen im Reiseverkehr, allerdings vor allem von West nach Ost, kaum von Ost nach West.

Kuba-Krise
Im Oktober 1962 kam es durch die Stationierung von sowjetischen Raketen in Kuba zu einer Konfrontation zwischen der UdSSR und den USA. Die Seeblockade der USA und das Angebot, die amerikanischen Raketen aus der Türkei abzuziehen, führten zu einem Abzug der Raketen aus Kuba. Der Nervenkrieg zwischen Präsident Kennedy und Ministerpräsident Chruschtschow um die Kubakrise machte deutlich, dass gerade wegen der weiteren Aufrüstung eine Verständigung zwischen den Supermächten nötig war, um einen weltweiten Atomkrieg zu verhindern.

Ostverträge
Im Rahmen einer Entspannung zwischen den USA und der UdSSR schloss die Bundesrepublik im Jahr 1970 Verträge mit der Sowjetunion und mit Polen. Diese Verträge verpflichteten die Partner vor allem zum Gewaltverzicht und erklärten die bestehenden Grenzen für unverletzlich, einschließlich der Oder-Neiße-Linie und der Grenze zwischen der Bundesrepublik und der DDR.
Die Ostverträge ermöglichten zwei Jahre später den Grundlagenvertrag zwischen der Bundesrepublik und der DDR.

Vietnam-Krieg
Die USA führten seit 1964 offiziell Krieg gegen das kommunistische Nord-Vietnam, um die Ausbreitung des Kommunismus in Asien zu verhindern. Auch der Einsatz von modernen Vernichtungswaffen führte nicht zu einem Sieg. Zudem wandte sich die Weltöffentlichkeit immer mehr gegen die zunehmend brutale Kriegführung der USA. 1973 kam es zum Waffenstillstand und 1975 zum Friedensschluss, der faktisch den Sieg Nord-Vietnams bedeutete. Diese Erfahrung führte in den USA zu dem sogenannten „Vietnam-Trauma".

Das Ende des Ostblocks und die Deutsche Einheit

ab 1985 Reformpolitik in der UdSSR
1989 Umbruch im Ostblock
9. 11. 1989 Öffnung der innerdeutschen Grenze
3. 10. 1990 „Tag der Deutschen Einheit"

1989 Umbruch im Ostblock
Aufgrund der inneren Entwicklung in Polen (Solidarność) und in der Sowjetunion (Glasnost und Perestroika) versuchten auch die anderen Staaten des Ostblocks mehr Spielraum für eine eigene Entwicklung zu finden. Der Umstand, dass die sowjetische Armee nun nicht mehr dazu da sein sollte, in anderen Ländern einzugreifen, um eine sozialistische Ordnung zu retten (wie 1953 in der DDR, 1956 in Ungarn und 1968 in der Tschechoslowakei), beschleunigte den Vorgang der Selbstbefreiung bei den Gesellschaften des Ostblocks. Polen und die Sowjetunion machten 1989 den Anfang mit freien allgemeinen Wahlen für ein Parlament, dann folgten im Laufe eines einzigen Jahres alle kommunistischen Staaten mit Ausnahme Albaniens.

Glasnost und Perestroika
Diese beiden russischen Wörter bedeuten „Offenheit" und „Umbau". Der sowjetische Staatspräsident Michail Gorbatschow führte sie in der zweiten Hälfte der 1980er Jahre ein und kündigte damit eine totale Umkehr in der sowjetischen Innenpolitik an. „Offenheit" (Glasnost) sollte nun in der Diskussion politischer Probleme herrschen, Kritik sollte erlaubt sein, politische Gefangene wurden entlassen, Regimegegner durften auswandern. Der „Umbau" (Perestroika) sollte das wirtschaftliche System der Sowjetunion verändern: durch die Auflockerung der zentralistischen Planwirtschaft nach örtlichen Bedürfnissen und Möglichkeiten, durch Zurücknahme der Einflussnahme der Partei auf wirtschaftliche Entscheidungen, durch die Gründung privater Unternehmen und durch die Zusammenarbeit mit ausländischen Firmen.

Die Welt nach dem Kalten Krieg

1992 Vertrag von Maastricht

Die Osterweiterung der EU
Mit dem Zerfall der Sowjetunion, des Rats für gegenseitige Wirtschaftshilfe und des Warschauer Pakts führte die osteuropäische Revolution zur Bildung demokratischer und neuer Staaten. Die Mehrzahl dieser Länder strebte die Mitgliedschaft in der Europäischen Union an. Die EU befürwortete die Aufnahme, wenn die Antragsländer vier Bedingungen erfüllten: die Einführung und den Ausbau von Marktwirtschaft und Demokratie, die Übereinstimmung mit den Zielen der EU und die Anwendung des geltenden EU-Rechts. Bis zum Jahre 2007 traten 10 osteuropäische Staaten der EU bei: Damit war die Zweiteilung Europas, die im Kalten Krieg vorherrschte, überwunden.

Vertrag von Maastricht 1992
Der Vertrag von Maastricht legte die Etappen der 1989 beschlossenen Währungs- und Wirtschaftsunion und die Bedingungen für die Einführung der europäischen Einheitswährung fest. Die EG-Mitgliedstaaten beschlossen in drei Bereichen eine verstärkte Integration:
1. in der wirtschaftlichen Zusammenarbeit,
2. in der Außen- und Sicherheitspolitik und
3. in den Bereichen Inneres und Justiz. Die EU bildet eine übernationale Gemeinschaft zwischen Staatenbund und Bundesstaat, einen Staatenverbund. Der Maastrichter Vertrag schuf auch die Voraussetzungen für die Aufnahme neuer Staaten in die EU.

Verzeichnis der Namen, Sachen und Begriffe

Fett gesetzt sind Grundwissensbegriffe, die in einem Kastentext erläutert werden. Die ebenfalls **fett** gesetzten Seitenzahlen geben an, wo diese Texte jeweils im Kapitelzusammenhang zu finden sind.

Bildnachweis

Umschlag, Fahnen vor Europäischem Parlament: ullstein bild; Außenpolitik 1990 (Genscher, Gorbatschow, Kohl): ullstein bild; Europäisches Parlament: fotofinder/Fotokurier.at/images.de; Menschen halten Deutschlandfahne nach Fall der Berliner Mauer: ullstein bild
Vorsatz, „Europäische Union“: Adam Silye, Wien
3, Karikatur Chruschtschow-Kennedy: Daily Mail, London 1962; Wappen DDR: AKG, Berlin; Bundesadler: Interfoto, Archiv Friedrich, München; Emblem der EU: Communauté européenne, Bruxelles; Bayerisches Staatswappen aus dem Jahr 1835: Bayerisches Hauptstaatsarchiv, München
4, Anstecker zum Flug von Apollo: AKG (NASA), Berlin; „Good bye Lenin!“: Cinetext; Berlin, Reichstagsgebäude: ullstein bild, Berlin; Von der Aufbruchstimmung 1948: ullstein bild, Berlin; Karikatur Chruschtschow-Kennedy: Daily Mail, London 1962; Wappen DDR: AKG, Berlin; Bundesadler: Interfoto, Archiv Friedrich, München
5, Emblem der EU: Communauté européenne, Bruxelles; Bayerisches Staatswappen aus dem Jahr 1835: Bayerisches Hauptstaatsarchiv, München; Militärische Zusammenarbeit: Getty Images (AFP), München; Blick auf die Leopoldstraße in München: fotofinder/Hermann Dornhege/VISUM; Plakat des Bundesamtes für Bevölkerungsschutz und Katastrophenhilfe
8, Englische Karikatur, 1962 („Einverstanden, Herr Präsident, lasst uns verhandeln!“): Daily Mail, London 1962; Chinas Wirtschaft: laif (Michael Wolf), Köln; Der Vietnam-Krieg: Corbis (Bettmann), Düsseldorf
8/9, Entspannung im Ost-West-Konflikt: Corbis, Düsseldorf
9, Karikatur zum Grundlagenvertrag von 1972: Haus der Geschichte der Bundesrepublik Deutschland (Wolfgang Hicks), Bonn; Studentendemonstration in München 1968: ullstein bild, Berlin; Alltag in der DDR – Ideologie zwischen Damenwäsche: Süddeutscher Verlag, München
10, M1: Adam Silye, Wien
11, M2: Daily Mail, London 1962
12, M3: Adam Silye, Wien
12, M4: Corbis, Düsseldorf
13, M8: ullstein bild, Berlin
14, M9: ullstein bild, Berlin
15, M1: Haitzinger/CCC, www.c5.net
16, M2: AKG (NASA), Berlin
17, M3: AP (Marco di Lauro), Frankfurt/M
17, M4: Picture-Alliance (dpa/Heinz Wieseler), Frankfurt/M
18, M7: Globus Infografik, Hamburg
19, M1: Fritz Behrendt/CCC, www.c5.net
21, M2: aus Geschichte und Geschehen A4, S. 271
22, M8: li: picture-alliance/dpa; re: Süddeutscher Verlag, Bilderdienst, München
23, M10: Spiegel-Verlag, Hamburg
24, M1: ullstein bild, Berlin
25, M2: Pepsch Gottscheber/CCC, www.c5.net
26, M3: akg-images
28, M1: Horst Haitzinger/CCC, www.c5.net
28, M2: ullstein bild, Berlin
29, M3: Horst Haitzinger/CCC, www.c5.net
30, M4: picture-alliance/dpa
31, M5: akg-images
32, M8b: apa images
34, M1: Horst Haitzinger/CCC, www.c5.net
36, M3: li: apa images; re: picture-alliance
37, M7: Adam Silye, Wien
38, Wappen DDR: AKG, Berlin; Bundesadler: Interfoto, Archiv Friedrich, München; „Beerdigung des Kalten Krieges“: Horst Haitzinger/CCC, www.c5.net; Grenze DDR-West-Berlin: ullstein bild, Berlin
38/39, Freudenszenen auf der Mauer: picture-alliance/dpa
39, Kerzen gegen die Gewalt des Staates: Sygma, Paris
40, M1: li: ullstein bild, Berlin; Mitte: picture-alliance/KPA Sipa; re: picture-alliance/dpa
41, M2: Haitzinger/CCC, www.c5.net
42, M3: Horst Haitzinger/CCC, www.c5.net
46, M2: li: Keystone; re: Keystone
47, M3: li: picture-alliance/dpa; re: picture-alliance/dpa
48, M4: li: Adam Silye, Wien; re: Kohlbrenner/CCC, www.c5.net
49, M8: ullstein bild, Berlin
50, M1: ullstein bild, Berlin
51, M2: Roland Beier
52, M3: ullstein bild, Berlin
52, M4: Adam Silye, Wien
54, M1: Adam Silye, Wien
54, M2: Reiner Schwalme/CCC, www.c5.net
56, M3: Horst Haitzinger/CCC, www.c5.net
57, M5: li: Cinetext; re: Cinetext
58, Emblem der EU: Communauté européenne, Bruxelles; ob: Von der Aufbruchstimmung 1948: ullstein bild, Berlin; unten: Europäischen Union der 27: BMVBS, Berlin
58/59, Globalisierung: Spiegel-

Verlag, Hamburg
59, Die Rückkehr des Krieges auf dem Balkan: Studio X (George Merillon/Gamma), Limours; Grenzmauer zwischen Israel und den palästinensischen Gebieten: fotofinder/Thomas Koehler/photothek.net; SOS: Horst Haitzinger/CCC, www.c5.net
60, M1: BDIC-Musée d'histoire contemporaine
61, picture-alliance
62, M2: Adam Silye, Wien
64, M1: Luis Murschetz/CCC, www.c5.net
64, M2: Peter Bensch/CCC, www.c5.net
65, M3: Gerhard Mester/CCC, www.c5.net
66, M4: Horst Haitzinger/CCC, www.c5.net
67, M8: aus Geschichte und Geschehen 3, NRW, S. 37
68, M1: Horst Haitzinger/CCC, www.c5.net
69, M2: CartoonStock (Pete Canary), Bath
70, M3: Getty Images (AFP), München
71, M7: aus Histoire, S. 165, Neuzeichnung: Adam Silye, Wien
72, M1: aus Geschichte und Geschehen 4, NRW, S. 311 r. o.
73, M2: AP, Frankfurt/M
74, M4: aus Geschichte und Geschehen 12/13, Berufliche Gymnasien, S. 253
75, M6: dpa/epa (Bicanski)
76, M8: sygma, Reka, Paris
77, M1: Adam Silye, Wien
78, M2: stern/Picture Press
79, M3: Schoenfeld/CCC, www.c5.net
80, M4: li: Corbis (dpa/epa/afp/Nackstrand), Düsseldorf; re: Getty Images (AFP/Thomas Coex), München
80, M6: Picture-Alliance (dpa/epa/Badarneh), Frankfurt/M
81, M8: picture-alliance/dpa
82, M1: aus Atlas der Globalisierung. Le Monde diplomatique, S. 91, Neuzeichnung: Adam Silye, Wien
83, M2: li: AFP/Yosikazu Tsuno; re: EPA
85, M1: AP (Robert Clark), Frankfurt/M
86, M2: aus Atlas der Globalisierung. Le Monde diplomatique, S. 47 u., Neuzeichnung: Adam Silye, Wien
87, M5: AP/K.M. Chaudary, Frankfurt/M
88, Bayrisches Staatswappen aus dem Jahr 1835: Bayerisches Hauptstaatsarchiv, München; Der Markt Jettingen: Markt Jettingen-Scheppach; Die Marktgemeinde Jettingen-Scheppach: Markt Jettingen-Scheppach
89, Christentum und Islam in Europa: Picture-Alliance (dpa/Matthias Ernert), Frankfurt/M; Helfen – eine vielfältige Herausforderung: Bundesamt für Bevölkerungsschutz und Katastrophenhilfe http://www.bbk.bund.de; UNICEF-Arbeitsgruppentagung 2005: UNICEF Deutschland
91, M1: Bayerisches Hauptstaatsarchiv, München
92, M1: www.erlangen.de, Neuzeichnung: Adam Silye, Wien
93, M3a: Siemens-Werkfoto
93, M3b: Siemens-Werkfoto
93, M3c: Nürnberg Luftbild
95, M3: fotofinder/Hermann Dornhege/VISUM
96, M1: UNICEF Deutschland/Sebastian Sedlmayr
Nachsatz: „Politische Weltkarte“: Adam Silye, Wien

Politische Weltkarte

Abkürzungen

ALB	Albanien
AND	Andorra
ARM	Armenien
BIH	Bosnien und Herzegowina
BRN	Bahrain
FL	Fürstentum Liechtenstein
HR	Kroatien
KOS	Kosovo
LUX	Luxemburg
MC	Monaco
MNE	Montenegro
MK	Mazedonien
MOL	Moldawien
QT	Katar
RL	Libanon
SRB	Serbien
SLO	Slowenien
SM	San Marino
VA	Vatikanstadt
VAE	Vereinigte Arabische Emirate
WAG	Gambia
REP.	Republik
DEM.REP.	Demokratische Republik
I.	Insel
In.	Inseln